와글와글
첫 번째 이야기

이 도서는 수원문화재단의 〈동행공간 지원 사업〉에 선정되어 지원받아 발간되었습니다.

오늘도
책방으로
퇴근합니다

쓰기 위해 책방으로 퇴근한 14인의 글

들어가는 글

'책방의 역할은 단순히 책을 판매하는 것을 넘어서 독자들이 쓰게 만드는 것이다.'

와글와글은 책방의 역할에 대한 고민을 통해 나온 모임입니다. 누구나 쓸 수 있는 시기에 와인을 마시며 조금은 늘어진 모습으로 대화하고, 대화 속에 떠오른 글감들을 모아 그저 글을 쓰는 것. 그것이 와글와글의 시작입니다.

매주 금요일 저녁 우리는 모여서 이야기를 나누고, 와인을 마시며 글을 썼습니다. 그러나 얼마 지나지 않아 우리가 모일 수 없는 상황이 도래하게 되었지요. 처음에는 와인을 글보다 앞에 두어 생각했기 때문에 방황했습니다. 마시지 못하고 이야기하지 못하니 글을 쓸 기회를 준비하지 못했습니다.

시간을 두고 생각했습니다.

모이지 않아도 의지가 있다면 홀로 책방에서 와인에 기대어 글쓰기가 가능하겠다고 느꼈습니다. 대화에서 건질 수 있던 글감은 미리 준비하고, 와인과 분위기를 제공하여 사람들에게 쓸 수 있는 여건을 제공해 주는 겁니다. 그것만으로 쓰고 싶은 열망을 자극할 수 있을 거라는 생각을 했습니다.

그렇게 와글와글 쓰기 클럽원들을 모집하여 홀로 쓰기를 시작하였습니다.

모집된 클럽원은 총 14명입니다.
클럽원은 책을 출간한 사람, 아직 책을 출간하지 않은 사람, 책이 아닌 가사를 쓰는 사람, 기사를 쓰는 사람, 그림을 그리는 사람 그리고 글을 쓰고 싶은 마음이 가득한 사람으로 구성했습니다.

준비한 주제는 8가지입니다.

각 주제는 특별한 이유를 담기보다, 최대한 널리 파생될 수 있는 보편적인 주제를 선택하였습니다. 당장 눈앞에 있는 것들과 눈을 감으면 떠오르는 것들. 그리고 우연히 눈앞에 마주하는 것들을 주제로 선택하였습니다.

와글와글 쓰기 클럽은 서로의 의지를 자극하기 위해 최소한의 장치를 두었습니다. 한 가지의 주제를 가지고 중복해서 쓸 수 없는 것. 각 주제 마다 모을 수 있는 글은 최대 7편까지인 것. 시를 제외하고 글자 수가 최소 1,600자 이상일 것. 시작한 글은 모두 마무리 지어야 책방에서 나갈 수 있는 것.

따라서 원하는 주제를 쓰기 위해서는 책방으로 퇴근하여 선점해야 했습니다. 선점하는 것에서 그치는 것이 아니라 일정 분량 이상을 쓰기 위해 잔뜩 노력해야 했습니다.

그 외에는 모든 것이 자유로웠습니다. 운영 기간 동안 필수 참여 횟수도 두지 않았습니다. 단 한 번만 참여하는 것도 가능했고, 주제 8가지를 앉은 자리에서 다 써내도 괜찮았습니다. 그저 책방에서는 쓰기 위해 퇴근하는 클럽원에게 와인과 음식, 주제를 건네주었습니다.

확실히 재미있었습니다. 클럽원마다 주제에 대한 반응이 다르고, 주제에서 파생되는 이야기의 확장이 매력적이었습니다. 쓰고 싶은 주제를 선택하여 쉽게 풀어나가는가 하면, 호기롭게 쓰기 위해 책방으로 퇴근하였지만 준비된 이야기가 생각처럼 전개되지 않아 당혹해하는 경우도 있었습니다.

이제 두 달 동안 쓰기 위해 노력한 흔적을 즐길 시간입니다. 같은 주제로 쓰인 다른 글을 입맛에 맞게 즐겨주시면 감사하겠습니다. 아, 누가 썼는지는 쉽게 알려드리지 않습니다.

과연 누가 썼을까요?

그런 의미에서, 리누 드림

목차

들어가는 글 _006

바다

바다를 품에 안으면 _016

해변의 몸 _022

나의 친애하는 음악들에게 _026

밤의 해변에 누워 _030

이튤라 _032

수평선 _047

파도에 떠다니는 조각난 기억들 _051

시선

꽃을 바라보듯이, 그대를 _058

압정 게임 _065

시선을 따라 _070

지푸라기 _073

탈출 _078

필기구

인생 스케치 _084
펜 도둑 _089
내가 만년필을 사게된 이유 _096
당신의 필기구는 무엇입니까 _100
연필을 깎자 _105
몸 _111

식탁

네 잘못이 아니야. _118
식탁의 쓸모 _122
실패의 탑 _127
반지하 식탁 _132
Marseille _137

학창 시절

내가 시를 읽지 않는 이유 _144
반절 인생, 깍두기 _152
화이트데이 _160
여기에 있어 _162
당신의 첫사랑은 안녕한가요? _166
편지를 병에 담아 띄우는 마음으로 _170

나비

흩어지며 부유하는 _176
내 귀에 나비 _180
나비야 _184

액자

내 모난 시선 _196
액자 속에 들어있는 _200
외면하지만 외면할 수 없는 _206
기억 세우기 _211
액자 이야기 _215
캡처 _220

의미

그냥 이소라 이야기 _224
나의 친애하는, 사랑하는 것들 _228
의미에 대해서 _232
iTEMS - 더 비기닝 _236
욕망과 두려움 사이 _241
쓰는 마음 _244
우리의 연애 방식 _253

바다

파도 소리, 하늘과 구분 짓기 어려운 경계, 발가락 사이로 스미는 모래. 다시 파도가 와서 발등을 쓸고 내려가는 시원한 기분. 당신에게 바다는 어떤 공간인가요. 바다를 담고 있는 이야기, 이야기가 담고 있는 바다를 써주세요. 손으로 피워낸 파도를 눈으로 담아볼게요.

바다를 품에 안으면

　세 번째 퇴직이다. 주변 친구들은 하나둘 자리를 잡기 시작한다. 내 시선 속에 그들은 세상 밖을 뛰노는 아이들이다. 트레드밀 위를 달리며 유리 천장 밖으로 그 모습을 바라보고 있다. 그들과 나 사이에 두꺼운 벽이 있는 것만 같다. 나는 어떠한 이유에서 자꾸만 직장을 그만두는 걸까. 새벽에 갑자기 눈이 떠질 때면, 나 자신이 지속성이 결여된 사람은 아닐까 자문했다. 한때는 끈기 있는 사람이 되고 싶었는데, 그 다짐은 대체 어디로 사라져버린 걸까.

　가을바람이 불어오는 어느 날, 올해 초의 다짐이 떠올랐다. 7번 국도를 따라 바닷가를 보며 자전거를 타겠다는 작은 다짐이었다. 점점 작아져 가는 내면의 나에게 "너도 꾸준히 할 수 있는 게 있을 거야."라는 희망을 심어주고 싶었다. 아니, 여행을 통해서 나에게도 아직 끈기라는 게 남아있다는 사실을 증명해 보이고 싶었다. 추석 연휴가 지난 다음날, 포항행 시외버스에 몸을 실었다.

자전거 여행의 시작점은 포항 영일대 해수욕장, 도착점은 고성 통일 전망대. 〈국토 종주 동해안 자전거길 고성 방면〉 표지판이 보였다. 지금부터 부지런히 400km가 넘는 거리를 두 다리에 의지해 달려 나가야 한다. 높아진 하늘 아래, 오른편에 동해를 두고 자전거 페달을 밟기 시작했다. 낙타 등이라 불리는 동해안 자전거길은 그 명성에 맞게 시작부터 오르막길이 나타났다. 작은 언덕을 연거푸 넘고 나자 금방 숨이 차올랐다. 언덕을 오르며, 사람이 무언가를 포기하게 만드는 것은 큰 시련 하나 때문이 아니라 잦은 실패의 연속 때문이라고 생각했다.

　그럼에도 실패를 어떻게 극복해 나가는지가 중요하다. 자전거를 타면서 땅기는 허벅지를 잊게 해준 건 드넓게 펼쳐진 바다였다. 한나절을 달리고 달려도 바다는 언제나 내 옆에 있었다. 라이딩에 지쳐 페달을 밟는 속도가 늦춰질 때도 파도는 쉼 없이 해수욕장을 쓸어내리고 있었다. 바다의 움직임은 지침이 없어 보였고, 끊임없이 움직이는 동시에 언제나 제 자리를 지키고 있는 모습에 경외감을 느끼기도 했다. 바다는 동물인 동시에 정물이었다. 자전거를 타는 내내 바다는 나를 덮쳤다. 파도는 내 작은 생각들을 바다로 끌고 들어갔다. 나는 그런 바다를 확 끌어안고 싶었다.

 포항에서 영덕, 영덕에서 울진으로 입성했다. 푸른 바다는 어느덧 그 색이 짙어져 있었다. 저 멀리 등대를 벗 삼아 칠흑같은 어둠 속을 달렸다. 바다 본연의 색은 무엇일까. 어느 날은 싱그럽게 푸르른 색을 띠었다가, 어느 날은 무엇이라도 삼킬 듯 검은 바다가 되어 있었다. 과연 나는 검은 밤바다도 품에 안을 수 있을까, 혼잣말을 되뇌었다. 거뭇해진 바다를 뒤로하고 숙소에 도착했다. 검은 천장을 바라보다 잠에 들었다.

 이튿날, 맹방해수욕장을 지나갈 때는 BTS의 〈butter〉 앨범 촬영지를 마주했다. 자전거에서 내려 형형색색의 썬 베드 사진을 찍고 BTS의 노래를 틀었다. 노래의 첫 소절이 흘러나오자 옛 기억이 스쳤다. "가자, 가자! 조금만 더 가면 쉴 수 있어!" 목청 터지듯 소리치며 서로를 독려하는 모습, 아무도 없는 길에서는 친구와 나란히 자전거를 타면서 대화를 나누는 모습이 떠올랐다. 장거리 자전거 여행을 혼자서 떠나온 것은 이번이 처음이라 그 빈자리가 더 크게 느껴졌다. 바다를 바라보며 달리는 자전거 여행은 버터처럼 부드럽지만, 함께 하면 좋았을 텐데. 생동하는 푸른 바다, 바위에 부서지는 하얀 파도, 부끄럼 타는 분홍 구름. 이 풍경을 함께하면 더 좋았을 텐데.

    셋째 날, 일찍 안장에 앉았다. 이제부터 어려운 구간은 거의 없었다. 오르막 구간은 줄어들었고 평지에서는 역풍도 세지 않아 자전거가 나아가는 데 보다 수월했다. 그러나 여행에 있어 완벽하게 운수 좋은 날은 없었다. 종주 3일 차, 속초 숙소에 도착할 때쯤 아킬레스건이 붓기 시작했다. 수년간 자전거를 타면서 무릎이나 허벅지가 아팠던 적은 있었지만, 아킬레스건이 아프다니. 처음으로 느껴보는 통증이었다. 왜 아킬레스건이 아킬레스건인지 알 것 같았다. 발목으로 이어지는 힘줄 하나가 아플 뿐인데 가만히 서 있기조차 힘들었다. 그런데 신기하게도 라이딩할 때는 고통을 참을만했다. 죽어라 힘쓰는 허벅지는 터지지 않고 괜한 아킬레스건이 아파오는 게, 스스로의 문제를 다른 곳에서 찾으려는 요즘의 나처럼 느껴졌다. 오늘 하루는 공치는 날이다. 여행하다 보면 이런 날도 있는 법이란 걸 이제 조금은 알 것도 같다. 마음을 추스르고 일찍이 잠이 든다. 내일은 일출을 보고 고성 통일 전망대까지 올라갔다가 다시 속초로 내려와야 한다.

넷째 날 동이 틀 무렵, 몸을 일으켜 밖으로 나왔다. 장사항에서 일출을 마주했다. 해는 이미 수평선 위로 떠 올라 있었지만, 너무 늦지는 않은 모양이다. 진한 주황색 태양 대신 노을빛에 가까운 일출을 맞봤다. 방파제 부근에는 파도를 마주하기 직전의 삼바리*가 공터에 늘어져 있었다. 기계적으로 찍어낸 삼바리 중 하나가 내 모습은 아닐까 하는 생각에 발걸음을 쉽게 떼지 못했다.

통일 전망대 인증센터에서 마지막 스탬프를 찍고 다시 속초로 돌아오고 있었다. 상행 길과는 다르게 하행 길에서는 시선 왼편에 바다가 보였다. 작은 항구 마을을 지나고 해안도로로 빠져나오는 순간, 저 멀리서 옅은 무지개가 보였다. 급하게 브레이크를 잡았다. 그 자리에서 바로 자전거를 내팽개치고 바다 쪽으로 걸어갔다. 바다 무지개였다. 올여름에는 무지개가 여러 번 모습을 보였다고 하는데, 이상하리만큼 그때마다 하늘을 바라보지 못했다. 그런 나에게도 올해 첫 무지개가 찾아온 것이다. 바다가 마지막으로 선물해준 순한 맛 무지개였다.

자전거 여행을 끝마치고 수원으로 돌아왔다. 부풀어 오른 허벅지 근육처럼 물컹해진 삶이 조금은 단단해졌다. 이 힘으

---
* 방파제로 사용되는 해안구조물. 정식 명칭은 테트라포드이다.

로 몇 달을 살아갈지 장담할 수 없다. 자전거 바퀴는 시간이 지나면 저절로 바람이 빠진다. 어딘가를 힘차게 달려도, 집 한구석에 방치되어 있어도 빠지는 타이어 바람이라면 좀 더 나를 움직여도 되지 않을까. 자전거를 타는 내내 끊임없이 파도를 만들어냈던 바다처럼, 아무도 봐주지 않아도 파도를 만드는 밤바다처럼.

    자전거를 타고 여행을 한다는 것은 어떻게 보면 사서 고생을 하는 것이다. 그렇지만 '사서'하는 고생은 고통보다는 희열에 가깝다. 혼자서 떠난 장거리 라이딩은 외로움보다는 고독에 가깝다. 누가 시켜서 한 게 아니고, 자처한 일이기 때문이다. 물론 자전거를 타면서 머릿속을 정리하지 못했다. 수원에서 품어온 고민을 바다에 희석하지도 못했다. 다만 평소에는 닫아두었던 양쪽 귀를 활짝 열어놓았다. 한쪽 귀로 들어온 바닷바람에 내면을 환기하고, 불순한 감정들을 반대편 귀로 흘려보냈다.

    이제 어떤 고생을 사서 해야 할까. 그 값은 과연 얼마일지 궁금하다.

해변의 몸

눈이 오는 날에는 어김없이 제이가 생각난다. 아니, 한여름에 흰 눈을 떠올리는 것만으로도 제이를 생각한다. 가을에서 겨울로 넘어가는 공기가 코끝을 스치는, 모두가 시인이 될 수 있을 것만 같은 그런 날엔 그해 겨울의 제이 생각으로 몸 곳곳의 털끝마저 얼어붙는다. 그런 순간은 나를 어떻게든 다시 12월의 그 날로 돌려보낸다.

아주 오랜만에 제이의 소식을 들었던 날이었다. 새카만 하늘 너머로부터 눈보라가 펑펑 쏟아지던 장면이 눈이 시릴 만큼 선명하게 떠올랐다. 하루 종일 집안에 스스로를 가둔 채, 전날 남긴 배달 음식을 데우는 것도 귀찮아 먹을 것도 아니면서 젓가락으로 눌어붙은 양념을 뒤적이기만 했다.

"아, 더 이상은 안 돼. 나가자."

책상 한쪽 끝으로 그릇을 밀었다. 그릇이 밀리며 낸 덜거덕 소리가 그날 들은 가장 큰 소음이었다. 잠옷 위에 롱패딩을 두른 채 슬리퍼를 끌며 집 앞에 나가 가만히 섰다. 떨어지는 눈을 맨손으로 받으며 꺼져가고 있는지도 모르는 눈동자의 불씨를 간신히 부여잡고 있었던 그때, 서 있던 곳은 아주 낮아서 추락사가 불가능한 곳이었다. 그런데도 왠지 난간 너머로 몸을 내밀면 꼭 모든 게 끝날 것만 같았던, 함박눈이 폭격처럼 떨어지던 겨울 밤. 그 순간 죽는 대신 충동적으로 바다에 갔기 때문에 지금까지 살아있는 거라고 믿는다.

제이가 바다 이야길 했던 적이 있나? 잘 기억나지 않는다. 아마 한 번쯤은 있었을 거라고 막연하게 생각했다. 셀 수 없이 많은 이야기를 들려주던 제이였으니까. 산과 바다 중에 바다를 골랐던 건 분명히 기억했다. 사실, 다섯 명 중 다섯 명이 바다라고 해도 크게 놀랄 만한 일은 아닌데, 제이가 바다를 골라서 무척 기뻤던 걸 잊을 수 없었기 때문에 그 사실만큼은 확실히 기억했다. 거의 제이와 함께 바다에 간 것만큼 기뻤다. 문득 궁금할 때가 있다. 그래서 제이가 그 대답을 했던 해에 한 번쯤은 바다를 보러 갔었는지. 그랬다면 그날의 소식 같은 건 영원히 듣지 않을 수 있었을지도 모른다는 무용한 생각도 함께.

그렇게 무작정 향했던 바다에서 바다는 보지 않고 대신, 크고 작은 파도가 해변을 휩쓸고 간 자리를 응시했다. 시시각각 변하는 모래의 모양을 보며 생각했다. 미미하지만 분명한 게 꼭 너와 나의 상처를 닮았구나. 파도의 주기를 닮은 상처의 주파. 그런 게 반복되고 쌓여가는 기분은 끝나지 않을 것만 같은 잔잔한 불안이었다. 그것마저 자신의 것이라 여겨 꽉 끌어안고 싶었는데 사실은 무서웠다. 안으려다 오히려 파묻혀버릴까 봐. 상처 난 몸이 아니라 상처 그 자체가 될까 봐. 어쩌면 제이는 결국 그걸 해낸 건지도 모른다. 제이가 조각낸 수많은 자기 자신이라는 덩어리들은 서로에게 친절했을까? 제이는 또 다른 무수한 제이들에게 얼마나 상냥했을까? 제이는 내가 아는 그 누구보다 타인에게 사랑을 많이 주는 사람이었는데. 아주 많은 사람들이 그렇게 기억하고 있는데. 제이는, 제이들은 어땠을까?

한때 자기 자신을 어떻게 여길지는 자신이 타인을 여기는 법을 닮는다고 믿었다. 그러니까 자신이 죽도록 미워도 세상을 그만큼 미워하지는 말자고. 그게 스스로를 덜 미워할 수 있는 유일한 희망이었던 계절. 하지만 제이를 생각하면 모든 게 원점으로 돌아갔다. 제이도 자신에게 남은 파도 자국을 회복 없이 반복적으로 축적되는 상처라고 여겼을까? 휩쓸리고 흩어지는 모래알을 보며 지독하게 아파했을까? 멀리서 볼 땐 당연해도 가까이 관찰하면 여지없이 잔해와 잔상인 해변의 몸을 제이는 어떤 방식으로 사랑했을까?

어떤 질문은 그 답을 영원히 구할 수 없어서 다행이라고 생각한다. 마치 지금은 잘 지내는지와 같은. 믿음이 곧 답인 것 말고는 답을 구할 길이 없는 질문들. 답이 간절할 땐 그 간절함을 동력으로 다음 겨울을 기다렸다. 견디는 일은 살갗이 갈라질 것처럼 시리고 아린 시간의 연속이었지만 끝내 절망이지는 않았다. 제이가 겨울에 자주 입던 스웨터를 떠올리고, 불러주던 노래를 듣고, 남긴 말을 어떻게든 상기해 일기장에 적으면 겨울 바다가 땅의 거죽을 감싸는 온기가 느껴졌다.

수평선 위로 찍힌 사진 속 플레어 현상이 제이의 목소리 자국 같았다. 제이를 다시 만나게 되는 날, 겨울마다 바다에 가는 일을 그만둘 수 있을 것이다. 그날, 마침내 나 역시 해변의 몸을 온통 끌어안을 용기를 낼 수 있을 지도 모른다.

나의 친애하는 음악들에게

'장진우 거리'를 만들어 홍석천과 함께 이태원 경리단길 열풍을 이끌었던 장진우 씨의 인스타그램을 자주 본다. 그분의 요리나 사업적인 행보가 인상적이기도 하지만 가장 즐거움을 주는 게시물들은 가족들. 그중에서도 아이들에 대한 것들이다.

지금의 아이들이 갖고 있는 트렌디한 이름과는 다른 '만옥'과 '필립'이라는 뚜렷하게 각인되는 이름을 갖고 있는 아이들. 사진작가 출신이라는 것과 아이들에 대한 애정이 시너지를 일으켜 더욱 그렇겠지만. 살아있는 듯한, 그리고 순수하고 솔직한 모습들이 담긴 사진과 글을 보면 그저 행복해진다.

어느 날은 아이들과 제주 바다에 대해 쓴 글이 있었다. 제주에서 자란 아이들에게 아이들의 바다는 이곳이 되지 않을까라는 내용으로.

본인은 영덕 바다에서 자라, 늘 영덕 어딘가의 바다를 마음에 품고 산다고 했다. 힘들고 지칠 때, 찾아가고 싶은. 본인을 위로해 주는 그런 바다. 아이들에게도 그런 바다가 지금 있는 곳이 되지 않을까라는 글.

생각해 보면 저마다의 마음속에 자기만의 바다를 갖고 있는 사람들이 있다. 영덕에 있는 장진우의 바다, 진도의 남들 모르는 조그마한 해변가, 화려한 광안리의 밤바다, 뻘 가득한 태안의 어느 바닷가. 바다 마을에서 자란 이들은 자연스레 그렇게 바다와 자라나게 되고, 그렇게 바다를 품게 될 텐데 예전엔 바닷가에서 나고 자라 그렇게 바다를 품고 있는 이들을 부러워했던 적이 있다. 마음 지치는 날에, 아니면 그저 바다가 보고 싶은 날에 보고 싶은 나의 바다가 있다는 것. 그런 것에 대한 동경.

산으로 둘러싸인 내륙의 분지에서 자란 나는 내가 갖지 못한 바다에 대한 동경을 갖고 있었다. 혼자서, 때론 가족들,

친구들과 여러 바다들을 여행으로도 일로도 다녀갔지만 마음에 품게 되는 곳이 딱히 생기진 않았었다. 다양한 바다를 만날 때마다 즐거움이 있지만 나만의 무언가가 되지는 않는.

그러다 나의 경우엔 음악을 들으며 바다가 나에게 개인화되는 경험들을 하게 되었다. 대표적인 서프 록으로 광안리를 떠오르게 하는 세이수미의 음악들도 나에게 바다로 다가오지만, wo;의 음악 〈바다〉를 듣고 나서 이 음악은 내가 마음속에 품고 있는 바다가 되었다. 굳이 장르화 하자면 서프포크 정도가 되지 않을까.

이 음악을 들을 때 나는 어스름한 달빛에 반짝이는 잔잔한 바다를 만나게 된다. 어느 날엔 몽글몽글한 돌이 깔려 있기도, 고운 모래가 깔려 있을 때도 있지만. 잔잔하게 하지만 끊임없이 파도가 밀려오는, 그런 바다.

거친 파도의 강인함도, 망망대해의 자유로움도, 바다가 갖고 있는 여러 성격과 모습들을 좋아하지만. 내가 가장 매력을 느끼는 바다의 성격과 모습은 솔직함이다. 날 것 그대로의 모습으로, 끝없이 부딪히고 부서지고, 반짝이는 찰나와 영원함. 발가벗고 헤엄치고 싶은 그런 바다.

선선한 가을바람 불어오는 10월의 요즘. 맨투맨에 반바지 입고. 양말 벗고 쓰레빠 신고. 가방은 꼭 에코백 어깨에 대충 걸치고. 그렇게 사는 걸 좋아하는 내가 좋아하는 바다.

woj-바다

밤의 해변에 누워

고요한 밤
캄캄한 하늘의 별
별보다 밝게 빛나는 달
달은 파도를 만든다고 했던가
스스로 빛나지 못함에도

검은 파도가 더 많은 모래를 쓸어가고
해변에 놓인 두 사람
부드러운 천을 깔고 누워
하늘을 본다

요즘 달이 더 커진 것 같아
별은 많이 사라졌는데
보름달이 너무 자주 뜬다고 생각한 적 없어?
우린 평생 몇 번의 보름달을 볼 수 있을까
달은 단 한 번도 모양을 바꾼 적 없음에도
너는 내게 완벽한 보름달을 본 적 있는지 물었다

아직은
아직은?
응, 아직은

옷 주름 사이로 스며든 모래는
몇 번을 털어도 완벽하게 털어낼 수 없다

매번 다른 파도가 치고
매번 다른 순간인 지금
맞닿은 살의 온도가 조금 높아진 것 같아서
잠시 눈을 감고 하늘을 감상한다

이튤라

남자는 간신히 눈을 떴다. 나무로 된 허름한 오두막 안이었다. '여긴 어디지?' 그는 어리둥절했다. 무슨 일이 일어난 건지 기억해보려 했지만, 도저히 기억나지 않았다. 허벅지 쪽이 뜨거웠다. 벽체의 갈라진 틈 사이로 강한 빛이 비치고 있었다. 실오라기 하나 걸치지 않은 알몸이었다. 우선 가릴 것을 찾아 주변을 살폈다. 급한 대로 자신이 깔고 누웠던 천으로 몸을 가렸다. 몸을 추스르고 일어났을 때, 누군가 문을 열고 들어왔다.

"일어나셨네요. 다행이에요."

"어떻게 된 거죠?"

"해변에 쓰러져 있었어요. 제가 여기로 데려왔죠."

"무슨 일이 있었던 거죠?"

"저야 모르죠. 하나도 기억 안 나세요?"

"전혀."

"일단 식사부터 하시죠."

그녀는 바나나 잎 위에 음식을 담아 왔다. 한 주먹의 쌀과 구운 고기 두세 점, 그리고 바나나 한 송이였다. 남자는 음식을 보자마자 고통스럽게 허기가 졌다. 체면을 차릴 때가 아니었다. 손으로 음식을 허겁지겁 입속에 넣었다. 남김없이 싹싹 비우고 나서야 주변을 둘러봤다. 자신을 보고 있는 그녀는 원주민 같았다. 햇볕에 잔뜩 그을린 검붉은 피부, 어깨까지 오는 단정한 검은 단발, 붉은 천으로 만든 원피스를 입고 있었다. 무엇보다 눈에 띈 것은 그녀의 오른쪽 어깨였다. 비늘이 어깨를 감싸고 있었다. 보는 각도에 따라 무지갯빛처럼 색깔이 달라졌다.

"여긴 어디죠?"

"저희 부족만 사는 작은 섬이에요."

"어디쯤 있는 섬이죠?"

"저도 정확히 잘 몰라요."

아무리 봐도 그녀는 다 큰 성인인데 자기가 사는 곳이 어딘지 모른다고? 남자는 의심스러웠다. 여자는 남자의 의문스러운 눈치를 직감했는지 말을 이어갔다.

"저희는 섬 밖으로 나가본 적이 없어요."

"단 한 번도?"

"단 한 번도 없어요. 섬에서 태어나 섬에서 죽죠."

"섬 밖의 사람들과 교류는 없나요?"

"전혀 없어요. 자세한 거는 차차 이야기하시죠."

"이름이 뭐예요?"

"이튤라"

"당신 이름은?"

"젠장. 기억이 안 나요."

이튤라와 남자는 문을 열고 밖으로 나왔다. 푸르고 울창한 숲 속이었다. 중앙을 비워둔 열 채의 오두막이 모여 있었다. 부족의 구성원들은 남자를 경계하듯 잠깐 쳐다보고, 다시 각자의 일을 묵묵히 했다. 빨간 열매를 다듬거나, 화살촉을 갈거나, 오두막 지붕을 정비하거나, 짐승의 내장을 꺼냈다. 그녀는 무심히 그들을 지나갔다. 그리고 부족에 대해서 설명했다.

"저희는 열다섯 명이에요. 여자 여섯에 남자 아홉. 제가 태어나기 전에는 백 명도 넘게 있었다고 하는데 지금은 다 떠나고 이 정도만 남았어요."

"이유가 뭐예요? 섬에서 살기가 힘들었나요?"

"부족 간 전쟁이 원인이었대요."

남자는 자신도 모르게 이튤라의 어깨를 슬쩍 쳐다봤다. 그녀는 그의 눈빛을 읽었는지 비늘을 살짝 긁으며 말했다.

"저희 부족은 다들 가지고 있어요. 어떤 사람은 허벅지에 있기도 하고, 옆구리에 있기도 하고, 팔에 있기도 하고. 저희는 인어의 후예래요. 그래서 처음부터 비늘을 가지고 태어나요. 이상해요?"

"아니요. 이상하기보다는 신기해서."

계속 걷다 보니 해변이 나왔다. 에메랄드빛 바다와 곱고 새하얀 모래사장이었다.

"저기가 당신이 쓰러져 있던 곳이에요."

그녀가 해변에 있는 바위를 가리키며 말했다. 남자는 자신에 대한 단서가 있을까 싶어 바위 쪽으로 걸어갔다. 그러나 그녀는 해변과 숲의 경계에서 움직이지 않았다.

"안 와요?"

"전 못 가요. 혼자 보고 오세요."

남자는 이상하다 생각했지만 우선 바위로 향했다. 사방이 구멍 난 검은 바위 말고는 특별한 것이 없었다. 아무런 단서를 찾을 수 없었다. 다시 그녀 쪽으로 걸어갔다.

"저는 절대 바다 쪽으로 가면 안 돼요."

"무슨 문제라도 있어요?"

"저희 부족의 절대적 규율이에요. 인어의 후예가 바다에 가면 안 된다니. 웃기죠?"

"이상하긴 하네요. 그런데 당신이 저를 바닷가에서 데려왔잖아요."

"사람이 쓰러져 있는데 어떡해요. 어쩔 수 없이."

"그런데 당신은 왜 바닷가에 있었어요?"

"가끔 몰래 와요. 저는 항상 궁금했거든요. 왜 바다로 가면 안 되는지. 부족들에겐 비밀이에요. 일단 당신은 숲속에 쓰러져 있었다고 했어요."

"고마워요."

이튤라와 남자는 숲과 해변의 경계를 따라 걸었다. 그녀는 섬에 대해서 설명했다.

"여기는 인어의 섬이라 불려요. 수백 년 동안 주변과 교류가 없었다고 해요. 섬 밖으로 나갈 수도 없고 그렇다고 다른 부족들이 찾아오지도 않아요. 이 섬이 있는지도 모를걸요? 저희가 인어의 후예라는 것은 동굴에 그려진 벽화를 보고 알았대요. 거기다 몸에 비늘까지 있으니 아무도 의심하지 않았죠."

"벽화를 본 적 있나요?"

"서너 번 봤어요. 특별한 건 없어요. 다음에 같이 봐요."

"저에 대해서 뭐라도 말하고 싶은데 아무것도 기억이 안 나네요."

"차차 기억이 나겠죠. 조급해하지 마요."

햇살이 그녀 어깨의 비늘을 비추었다. 여러 오색빛깔이 반짝였다. 남자는 아름다워서 잠시 넋 놓고 봤다. 이튤라는 머리카락으로 슬쩍 가리며 얼굴을 붉혔다. 하지만 남자가 보는 것이 싫지만은 않았다.

*

남자가 섬에서 지낸지도 한 달이 넘었다. 많은 것들이 익숙해졌다. 부족은 처음 며칠을 경계했지만 이제는 가족처럼 대했다. 자신만의 오두막도 생겼다. 낮에는 보통 이튤라와 열매와 벌레를 잡으러 다녔고, 틈틈이 진흙으로 오두막 벽과 지붕을 보수했다. 저녁에는 '아코마'라는 남자에게 활 쏘는 방법과 화살촉을 가는 방법도 배웠다. 내일부터 같이 사냥하러 갈 수 있겠다고 했다. 그들은 섬에서 사는 법을 세세히 알려주었다. 남자는 어느새 그들의 일원이 되었다.

이튤라와 남자는 단 한 가지 규율만은 지키지 않았다. 바로 바닷가로 가는 일. 모두에게 열매를 따러 간다 하고 해변으로 향했다. 둘은 숲과 해변의 경계에 앉아 하염없이 바다를 봤다. 이제는 남자도 경계를 넘지 않았다. 잃어버린 기억은 여전히 돌아오지 않았다. 이제는 아무런 상관이 없었다. 단지 자신의 이름만이라도 기억났으면 했다. 이튤라는 남자가 쓰러져 있었던 바위를 보며 말했다.

"부족장에게 이름을 지어달라는 건 어때요?"

"이름이 필요하긴 하겠어요. 그런데 난 당신이 지어줬으면 좋겠어요."

놀란 이튤라는 한참 생각하더니 얼굴을 붉히며 고민해 보겠다고 했다. 태양이 바다로 가라앉고 있었다. 이제 돌아갈 시간이었다. 자리에서 일어나기 전 그녀가 말했다.

"얄디룬 어때요?"

"얄디룬?"

"바다에서 온 사랑, 이라는 뜻이에요."

"얄디룬. 마음에 들어요. 무엇보다 뜻이."

그녀는 우물쭈물거리며 얼굴을 붉혔다. 얄디룬은 이튤라의 손을 잡고 일어났다. 그렇게 남자의 이름이 처음 생긴 그날 밤. 그들은 서로의 몸을 섞었다. 아무도 모르게.

*

남자는 섬의 근원이 궁금했다. 부족의 유래가 어떻게 시작되었는지. 또한 그들이 궁금했다. 얄디룬은 옆에 누워 있는 이튤라의 비늘을 쓰다듬으며 말했다.

"나 벽화가 보고 싶어."

"벽화? 특별한 거 없는데. 그럼 내일 열매 따러 가면서 가 볼까?"

"좋아. 부족장한테 허락받아야 해?"

"아니. 몰래 가게. 부족장은 동굴에 가는 걸 별로 좋아하지 않아."

다음날 남자는 이튤란을 따라 숲 속 깊이 들어갔다. 반나절 정도 올라가니 나무줄기와 잎으로 덮여 있는 동굴 입구가 나왔다. 입구 앞에는 줄기로 꼬아서 만든 인어 인형이 매달려 있었다. 안으로 들어가 주변을 둘러봤지만 일반 동굴과 다를 게 없었다. 한참을 들어가니 동굴의 끝이 보였다. 벽화는 삼면으로 되어 있었다. 왼쪽, 중앙, 오른쪽. 이튤라는 왼쪽 벽화부터 보면 된다고 했다.

왼쪽 벽화에는,

거대한 해일 → 섬에 떠 밀려온 인어들 → 피부가 갈라지는 인어 → 양손을 하늘로 향하며 가호를 내리는 여자 신 → 비늘이 점점 사라지는 피부 → 다리가 생기며 완전한 인간으로 변하는 인어

중앙 벽화에는,

숲으로 들어가는 인간 → 열매를 따는 인간 → 벌레를 잡는 인간 → 오두막을 짓는 인간 → 불을 발견하는 인간 → 화살을 만드는 인간 → 짐승을 사냥하는 인간 → 춤을 추고 노래하는 부족 → 사랑을 나누는 남녀 → 다섯 무리가 되는 부족

오른쪽 벽화에는,

다툼을 하는 인간 → 부족 간의 전쟁 → 서로 증오하는 인간들 → 피부가 갈라지는 인간들 → 시신을 묻어주는 인간 → 바다로 향하는 인간들 → 바닷물에 발을 담그자 물고기 꼬리로 변하는 다리 → 심해로 떠나는 인어 → 그 모습을 바라보는 숲 속의 인간들

얄디룬은 부족의 유래를 꼼꼼히 봤다. 이튤라가 말한 대로였다. 이 섬은 인어로부터 시작되었고 전쟁으로 많은 사람들이 죽고 섬을 떠났다는 이야기. 바닷물에 발을 담그자 인어로 변하는 장면을 보고 부족의 규율을 이해할 수 있었다. 그런데 유난히 신경 쓰이는 부분이 있었다. 인어의 눈동자였다. 멍하고 흐릿한 눈동자. 벽화로도 느낄 수 있는 생기 없는 눈동자였다. 옆에 있던 이튤라가 전쟁 벽화를 보며 말했다.

"증오의 감정이 우리 모두를 죽게 만들었다고 했어. 그래서 부족장은 항상 감정을 잘 다루라고 조심시켰어."

둘은 조용히 부족으로 돌아와 저녁을 먹었다. 식사를 하는 내내 남자는 인어의 생기 없는 눈동자가 자꾸 아른거렸다. 처음에는 못 느꼈는데 자세히 보니까 지금 이 부족들의 눈과 닮았다.
'인어의 후예라서 그런가.'
그날부터 남자는 부족에게서 이상함을 느꼈다. 그들은 친절하지만 어떠한 감정도 드러내지 않았다. 사랑, 즐거움, 기쁨, 미움 같은 감정들을. 굉장히 이성적이고 딱딱한 느낌이었다. 생각해보면 처음 이튤라를 봤을 때 그녀에게서도 비슷한 느낌을 받았다. 지금 그녀는 얄디룬 앞에서 잘 웃었지만 다른 부족들 앞에서는 늘 무표정이었다. 남자는 벽화를 보고 온 뒤로 너무 예민해진 건지도 모른다고 생각했다.

벽화를 보고 온 지 열흘이 지났다. 이튤라는 누워있는 얄디룬을 보며 말했다.
"나 요즘 피부가 이상해. 간지럽기도 하고."
남자는 걱정스러워 그녀의 피부를 살폈다. 피부는 거칠했고 생기가 없었다. 그녀는 안 보이겠지만 등이 살짝 갈라져 있었다.

"언제부터 그랬어?"

"꽤 됐어. 금방 낫겠지 하고 생각했는데."

"요즘 날씨가 너무 건조해서 그런가? 오일 좀 바르자."

남자는 그녀의 등에 오일을 바르다가 문득 벽화 내용이 떠올랐다. 피부가 갈라지는 장면이 순간 뇌리에 스쳤다. 등골이 오싹했다.

'설마. 아니겠지.'

그날 이후로 이튤라의 피부는 급격히 건조해졌다. 이제는 팔꿈치와 허벅지 쪽 피부가 선명히 갈라졌다. 그녀는 다른 사람들에게 안 보이도록 몸 전체를 천으로 가렸다.

태풍이 오려는지 바람이 심하게 부는 날이었다. 오두막을 보수하는데 바람에 날려 이튤라의 옷이 휘날렸다. 순간 부족장은 그녀 옷 사이의 피부를 보고야 말았다. 그는 사색이 되어 그녀를 끌어당기며 천을 올렸다.

"눈치챘어야 했는데."

부족장은 남자와 이튤라를 앉혀 놓고 심각하게 말했다.

"서로 사랑하는 거니?"

"네. 꽤 됐어요. 반대하지 마세요."

이튤란은 단호히 말했다.

"반대할 생각은 없어. 단지…."

부족장은 한참 뜸을 들이더니 입을 열었다.

"너희들 우리 몰래 벽화 보러 간 거 알고 있었다. 벽화 중에 피부가 갈라지는 인간 기억나지?"

"증오 때문에 피부가 갈라지는 이야기잖아요."

"과연 증오의 감정 때문일까? 아니! 우리는 감정 자체를 가지면 안 돼. 죽게 되지. 이미 너는 죽어가고 있어. 돌이킬 수 없어. 한 번 가진 감정은 쉽게 사라지지 않으니까."

이튤라와 남자는 몸이 굳어버렸다. 눈물조차 나오지 않았다.

"살릴 방법은 없을까요?"

"바다로 가는 수밖에. 문제는 살 수 있지만 모든 기억과 감정을 잃게 되지. 그리고 인어가 돼서 영영 심해로 떠나버려. 지금까지 단 한 명도 돌아온 사람은 없었네."

그때부터 이튤라와 남자는 하염없이 눈물을 흘리기 시작했다.

"선택은 너희들이 하게. 나는 무엇을 선택하든 담담히 받아들이겠네. 슬플지도 모르지만 슬프지 않으려고 노력할 걸세. 나는 더 오래 살아남아 많은 사람들을 살려야 하니까."

며칠 새 그녀는 몰라볼 정도로 죽어가고 있었다. 갈수록 몸은 말라가고, 피부는 검게 변하며, 비늘은 다 굳어 떨어졌다. 남자는 좋다는 약초와 오일을 바르며 보살폈지만 전혀 나아질 기미가 보이지 않았다. 그녀는 하루에 몇 마디 정도만 간신히 말할 수 있었다. 하루하루 고통스러워하는 그녀를 보며 자신이 할 수 있는 것이 아무것도 없음에 억장이 무너졌다. 남자는 결심하듯 말했다.

"우리 바다로 가자."

남자는 슬픈 눈으로 그녀에게 말했다. 죽어가고 있는 그녀를 그냥 둘 수 없었다.

"얄디룬. 나는 가고 싶지 않아. 차라리 당신 곁에서 죽고 싶어."

"무슨 소리야!"

"당신과 함께한 모든 기억과 사랑의 감정을 잃어버리면 나는 사는 의미가 없어."

"전설일 뿐이야. 아닐 수도 있잖아."

"아니. 그 말은 사실이야. 사실 옛날에 본 적이 있어. 그렇게 떠나버린 사람을."

그날 밤 이튤라는 의식을 잃었다. 거의 죽음에 다다랐다.

"이튤라! 이튤라!"

남자는 하염없이 울며 그녀를 흔들었다. 미동조차 없었다. 가까스로 얕은 들숨과 날숨만 오가고 있었다.

*

남자는 결국 이튤라를 안아 해변으로 향했다. 둘은 숲과 해변의 경계를 넘어 천천히 바다에 들어갔다. 바닷물이 그의 허리쯤에 잠길 때쯤 그녀의 몸 전체가 잠겼다. 그때였다. 이튤라의 몸은 바다의 모든 생명력을 흡수하듯 무언가를 빨아들이기 시작했다. 피부는 점점 생기가 돌았다. 어깨의 비늘이 새로 자라났다. 비늘은 그녀를 처음 봤던 때처럼 빛깔이 아름답게 생기가 돌았다. 대신 눈에 생기가 없어졌다. 이튤라는 그렇게 완전한 인어가 되었다. 그녀는 뒤도 돌아보지 않고 심해로 헤엄쳐 갔다.

얄디룬은 그녀를 보내고 더 깊은 바다로 향했다. 죽기로 결심했다. 어차피 그녀 덕에 얻은 생명이다. 자신을 짓누르는 거대한 상실과 슬픔을 견딜 자신이 없었다. 죽는 것이 더 낫다. 물은 허리부터 서서히 가슴까지 찼다. 그렇게 남자의 목까지 물이 찼을 때였다. 문득 의문이 스쳤다.

'나는 어떻게 처음부터 그들과 대화를 할 수 있었지?'

   남자는 허겁지겁 바다에서 나왔다. 늘 그녀와 함께 앉았던 숲과 해변의 경계에 앉아 바다를 멍하니 쳐다봤다. 생각이 정리되지 않았다. 일출이 시작되었을 때 남자는 입천장이 간지러웠다. 손가락을 입안에 넣어 손톱으로 긁었다. 뭔가 얇은 막 같은 게 걸렸다. 손가락을 꺼내보니 손톱에 무언가 껴 있었다. 비늘이었다.

수평선

 선을 긋는 방법을 익히기까지, 바다를 몇 번이나 다녀와야 하는지 아무도 끝을 정해주지 않았다. 그 무한함을 핑계 삼아 동쪽 바다를 두어 번, 서해 바다를 한 번, 제주도 모서리를 네 번은 돌았다. 어딘가를 벗어나야만 전깃줄 하나 없는 오롯이 선 하나 있는 풍경을 눈 안에 새길 수 있을 것만 같아서.

 점차 반복되는 수평선의 고요함에 진저리가 날 때가 찾아왔다. 직장 동료들도 친한 친구들도 이러한 내 답답함을 온전히 공감하지는 못했다. 바다뿐 아니라 사람 사이에도 적당한 친함이 필요하다는 생각이 들자, 그토록 긋고 싶던 선의 첫 점을 찍게 된 것 같았다.

 구부러진 관계 속에도 천천히 발견되어야 하는 경계가 있다. 늘 잠잠하기만 할 것 같은 강도. 늘 소란한 일 가득할 것 같은 바다도 서로의 경계를 발견하는 순간. 강은 강대로, 바다는 바다의 모습으로 친해질 수 있는가를 가늠하는 일이 시작될 수 있으니까.

    선을 긋는 방법을 익히자 시작한 여행길에서, 바다를 닮아가고 싶은 나를 발견했다. 어쩌면 바다가 발견해 준 하늘을 닮고 싶었을지도 모른다. 다만 내가 나의 마음 어느 지점에서 편안함과 불안함 사이에도 기준을 세우기 시작한 것이 중요했다. 파도에 삼켜질 것 같던 선 하나가 계속해서 살아있음을 고집한다. 20대의 내 인간관계 또한 그 모습만 같아서, 무모하리 만큼 버티며 그것이 유일한 나를 지키는 방법이라 믿었기에, 안개가 끼고 해무가 어지럽혀도 살아있기만 하면 괜찮았다.

    그래 살아있기만 해라. 정확히 일 년 반 전에 군대에 있는 친구가 전화로 내게 뱉은 한 마디가 가라앉아 있던 나를 적나라하게 했다. 참 신기하게도 내가 사람들에게 지쳐 결국 아무에게도 내 마음을 비추지 말자 할 때면 이 녀석에게 전화가 뜬금 오곤 한다.

가끔은 적당한 친밀감을 유지하는 이에게 내 가장 깊은 부분을 이해 당하기도 한다. 이러한 경험이 쌓여 나만의 기준점이 새겨지고 또 다음 기준점을 향해 이어 살아갈 의지가 생기기도 하는 것이다. 가장 낯설게 느꼈던 거리감이 있는 이에게도, 있는 그대로의 나로 있을 수 있는 순간이 놓이기도 한다는 말이다.

다음 핑계를 대라고 하면 사람을 잘 못 믿게 된 일들을 열거할 수도 있다. 아직은 수평선이라는 핑계를 대며 고장 난 선 긋기를 하는 나의 발버둥을 지켜봐 달라는 떼를 쓰고 싶은 것이다.

한 번의 비죽거림 없이 곧은 선을 그어가려면 핑계가 되어줄 기준점이 내게는 절실하다.

바라봐야 할 것이 많아서다. 위태롭게나마 선을 그어보자는 결심은 끝도 없이 밀려드는 관계라는 파도를 밀어내는 힘을 주었으니까.

구부러진 마음 같아도 살고 싶어 하는 지점은 있다.

파도에 삼켜진 줄 알았던 나 한 사람이 계속해서 살아 있음을 말하는 일. 누군가의 도움이 되려는 거창한 꿈을 꾸는 일을 더 이상 꾸지 않고, 욕심을 내지 않는 것으로도 목소리를 잃지 않을 수 있었다.

무작정 바다가 보고 싶을 때가 되면, '나'라는 한 사람만이 선명해질 시간이 필요한 건지도 모른다. 다 포기하고 도망가고 싶은 마음보다 정말 잘 감내할 멋진 선 하나 품고 싶은 것일지 모른다.

선을 잘 긋고 싶다면 그런 마음만 단단히 챙겨 바다를 보러 가자. 그리고 가게 된다면 지금 이 글을 쓰고 있는 이의 바람도 느껴주시기를. 수평선을 따라 걷다가.

파도에 떠다니는 조각난 기억들

'눈이 아프도록 새하얗고 넓은 모래사장. 내딛는 발바닥이 뜨거워 차마 점잖게 걷지 못하고 물가로 내달린다. 겨우 물가에 닿았어도 금방 시원해지진 않는다. 발목을 적시는 물은 미지근한 온기와 함께 자잘한 비닐과 스티로폼 조각, 해초 따위가 뒤섞여 떠다닌다. 쓰레기 구간을 애써 무시하고 더 깊은 곳으로 천천히 들어간다. 허리 언저리에서 물이 넘실대는 곳에 다다라 뒤를 돌아본다. 빼곡히 파라솔이 자리한 백사장이 한눈에 담기지 않을 만큼 넓게 펼쳐져 있다. 그 순간 뒤통수부터 너울이 덮치고, 강렬한 짠맛과 함께 눈물 콧물을 뱉어낸다.'

대전에서 유년시절을 보낸 내게, 바다에 대한 가장 오래된 기억은 이런 이미지들이다. 아마도 초등학생 시절 처음 갔던 대천 해수욕장에서의 기억일 것이다. 물론 이 모든 것이 실제로 경험한 것인지는 확실하지 않다. 하지만 바다를 떠올리면 이 장면이 늘 영화처럼 떠오르고야 만다. 그게 바다의 매력인지 모르겠다. 늘 어떤 장면, 어떤 날이 떠오르지만 그것으로 끝인 바다. 바다는 내게 일상과는 조금 떨어진 어떤 기억의 조각들과 닿아있다. 자주 꺼내보지 않지만 '바다'를 통해 문득 튀어나오는 오래된 기억들.

고등학교 여름방학 무렵, 친구들과 기차를 타고 무작정 1박 캠핑을 떠난 적이 있다. 그 당시도 목적지는 대천 해수욕장이었다. 하지만 해수욕장은 태풍으로 폐쇄되어 버렸고 우리는 고민 끝에 대전으로 돌아왔다. 집에 가기 아쉬웠던 우리는 갑천의 어느 다리 밑에 텐트를 치고 술판을 벌였다. 비록 고등학생이었지만 그 당시는 술을 쉽게 살 수 있었던 터라 미성년자의 음주는 지금보다 비교적 흔한 일이었다. 어린 치기에 내가 먹은 소주병을 세려고 등 뒤에 나열하고, 근처 수돗가에서 비를 맞으며 설거지를 하던 그날 밤의 시작도 바다였다.

스무 살이 넘어 타지에 혼자 나와 살기 시작한 후로 알게 된 건 내가 여행에 대한 갈망을 느끼는 경우가 매우 드문 사람이라는 것이었다. 입 밖으로 낸 적은 별로 없지만, 지금도 '여행은 여행이면 충분하지 않은가' 하는 생각을 한다. 사람들이 도대체 왜 여행을 가려고 하는지 나는 도통 이해하기 어렵다. 살면서 단 한번, 다른 사람의 영향 없이 혼자서 떠났던 여행의 목적지는 바다였다.

   실은 딱히 여행을 가려던 것도 아니었다. 그저 방황하던 어느 날 목적지를 고르지 못해 가장 멀리 가는 1호선에 올랐다. 생각에 잠겨있다 보니 어느새 종점인 온양온천 역에 도착했다. 지금과 비슷한 겨울이었던 탓에 광장에는 크리스마스 장식 옷을 입은 커다란 트리가 자리를 잡고 있었다. 근처 골목을 걷다가 입구에 고양이가 돌아다니는 한 여관을 골라 방을 잡았다. 주인은 겨울에 혼자 온 손님에게 조금은 걱정스러운 눈빛을 내비쳤지만, 욕조에서 따뜻한 온천수로 목욕할 수 있다는 말도 잊지 않았다. 나는 짐이랄 것도 없는 백팩을 방 구석에 내려두고 근처 편의점에서 맥주를 사 왔다. 그리고서는 작은 욕조에 뜨거운 물을 받아 몸을 뉘었다. 맥주가 조금 들어가자 곧 얼굴이 터질 듯 달아올랐지만, 사 온 맥주를 다 비우고 나서야 잠을 청했다.

다음 날 조금은 개운해진 몸으로 안면도로 향하는 차에 올랐다. 하지만 바다를 마주한 시간은 길지 않았다. 겨울 안면도의 거센 바닷바람 덕에 나는 해변에서 채 30분을 채우지 못하고 덜덜 떨리는 몸으로 귀가를 결정했다. 그날 돌아오는 동안 어디를 들렀고 어디서 무얼 먹었는지조차 기억나지 않는 걸 보면 아마도 그다지 좋은 컨디션은 아니었을 것이다. 애초에 그 여행은 나에게 무언가를 버리고 오기 위한 것이었고, 그날의 기억 역시 많은 버릴 것들 중 하나가 아니었을까?

내게 바다는 이런 조각난 기억들로 남아있다. 그래서 가끔 이렇게 꺼내어 맛보고 다시 묻어두면 그만인 것이다.

시선

 당신이 바라보는 곳에는 무엇이 놓여 있나요. 그것을 바라보는 당신의 눈은 무엇과 닮았나요. 식전에 나누어 주는 따뜻한 손수건과 같나요. 주린 자의 목덜미를 거칠게 스치는 바람 같나요. 무엇을 바라볼 때 어떤 온도로 바라보나요. 당신의 시선 끝에 놓인 것과 시선이 시작된 당신의 눈의 온도가 궁금합니다.

꽃을 바라보듯이, 그대를

　그는 수줍음이 많으며 무엇 하나도 아까워서 버리지 못해서 쌓아두고, 어쩌다가 남들 눈에 띄지도 않는 신기한 물건들을 잘도 주워온다. 그는 하느님의 부르심을 받기도 하고, 대통령과도 친분이 있다. 귀가 밝아 남들이 듣지 못하는 소리가 들리고, 심지어 마음의 소리까지 듣는다. 때문에 인공위성은 늘 그를 주시하고 있고, 검은 차량은 늘 그를 뒤쫓는다. 편의점의 CCTV는 그가 움직이는 방향대로 움직이고, TV 뉴스의 아나운서는 손짓으로 그가 내일 할 일을 지시한다. 그에게는 쫓아다니는 사람도 많고, 그를 지켜보는 사람도 많다는데 그는 늘 외롭다고 한다. 그는 눈을 마주치지 못하고, 감정을 드러낼 타이밍을 놓치거나 필요도 없이 과잉감정을 드러내기도 한다. 수다스럽다가도 과묵하며, 때로는 희한한 것에 집착하기도 한다. 그의 가족은 사실은 그를 입양했으며 그는 원래는 대기업 사장의 아들이다. 화가 날 때도 있지만 사람보다는 주로 벽을 향해 소리친다. 지나가는 사람들은 그에게 손가락질을 하고 욕을 퍼부으며 느닷없이 죽으라고 하거나 살 가치가 없다는 매정한 말을 쏟아내지만 어떻게든 참아낸다. 다시 태어나길 소망하기도 하고, 어쩌면 지구인이 아니라고 생각하기도 한다. 사실은 천왕성까지 갔다가 온 자도 봤고, 부활을 했다고도 한다. 여자 가수와 내일 함께 밥 먹을 약속도 했고, 내일 폭풍우가 쏟아진다고 예언을 하기도 한다지만 그 흔한 핸드폰도 없고, 뉴스도 안보는 그는 매우 사실적으로 이야기를 한다. 물론 아주 작은 목소리로. 고민을 하느라 밤을 지새우기도 하고 끼니를 거르기도 한다. 벽에 그려진 문자는 그에게만 보내는 중요한 신호이며, 그는 인류의 평화를 위해 일하는 수호자이지만, 이 모든 것은 그의 방 안에서만 일어난다. 사람들과 소통하기보다는 내적 목소리에 반응하며 했던 말을 끊임없이 반복한다. 의미 전달은 아무래도 상관없다. 그는 점점 말을 잃어가고, 점점 더 눈을 감아버리고 귀를 닫아버린다.

그가 생각하는 것에 이해를 바랄 수는 없다. 그가 행동하는 것에 때때로 작은 한숨이 지어지고 난감해지기도 한다. 그가 무엇을 원하는지 단번에 알아채는 건 사실, 평생을 노력해도 어렵다. 그런 그와 함께 나가면 사람들이 슬금슬금 자리를 피한다. 그와 함께 밥을 먹으면 사람들이 나가라고 한다. 그와 함께 웃으면 사람들이 뭐가 웃기냐고 의아해한다. 그와 함께 살아가는 이야기를 하면 사람들은 말도 안 되는 소리 하지 말라며 손사래를 친다. 그도 뭔가 할 수 있다고 하면 콧방귀를 뀐다. 그와 함께 뉴스를 보면 나는 때로는 그의 눈치를 보게 된다.

그렇다. 그런 그를 사람들은 좋은 말로 정신질환자라고 부른다. 좀 더 솔직히 말하면 "정신병자, 미친 XX"라고 한다. 병 자체가 죄가 된다. 이들이 숨만 쉬고 살아도 혐오스러움을 숨기지 않는 사람들도 있다. 말도 안 되는 행동이나 이해할 수 없는 사람들에게는 함부로 "정신병자"라고 진단을 하며 돌팔이 의사가 되는 짓을 서슴지 않는다. 정신증에 대해 우리는 무식의 극치를 이루면서도 한 번도 제대로 알아보고자 한 적이 없고, 무식함에 대해 부끄러워한 적도 없다. 타인의 시선에 대해 그렇게도 신경 쓰는 사람들은 막상 이런 일에는 스스로에게 상당히 관대하다. 수많은 의학전문 프로그램에서도 보기 힘든 희귀한 내용이고, 영화에는 범죄 스릴러물의 주인공 자리를 뺏기기가 어려울 지경이다. 그렇게 철저하게 각인시킨 덕분에 그들은 사람들이 자신들에게 돌팔매질할까 봐

나가기가 두렵다고 말하고 버스 타기가 어렵다고 말하는 건 결코 과장이 아니다.

내 일을 하면서 가장 많이 받았던 질문, 아니 지금까지도 받는 질문은 "무섭지 않냐"는 거였다. 난 본디 겁이 많은 사람이다. 난 내 삶의 반을 이들과 함께했다. 그리고 깨달았다. 난 질문한 당신들이 더 무섭다. 이해받지 못한 사람들이 받을 상처가 무섭다, 두렵다. 화가 난다. 이해하기를 멈춘 사람들과의 대화는 늘 난감하다. 다른 것을 수용하고 왜 다를까 의문문을 가지는 건 번거롭게 생각한다. 같아질 수 없을지언정 함께 살아볼 궁리를 하는 노력들은 진즉 포기해버리고 어떻게 하면 내게 아무런 해악을 끼치게 하지 않고 쫓아낼까를 고심한다. 잘 알지도 못하는 사람에게 함부로 인상을 쓰고, 손가락질하는 사람들은, 한 발자국 떨어진 곳에서는 꽤나 좋은 사람 흉내를 내고들 있다. 파트리크 쥐스킨트의 〈좀머 씨 이야기〉를 읽고 론 하워드의 〈뷰티풀 마인드〉를 보면서 삶의 의미를 깨달았다 하고, 편견을 내려놓아야겠다고 하면서도 현실에서 그들을 보는 시선은 차갑고 냉정하기 그지없고 그들의 행동 하나하나를 분석하려 든다. 몰라서 생기는 실수들이라면, 굳이 전문가적인 견해까지 더하지 말기를 바란다.

그들은 "나는 움직이는 속도가 달라요. 걸음걸이에도 의미가 있어요. 공기도 의심스러워요. 나는 두려워요. 하지만, 그럼에도 내게 말을 걸어준다면 나는 속으로 기뻐할 거예요. 천천히 이야기해 주세요. 그럼 당신이 무슨 이야기를 하는지 조금은 알 것 같아요. 시간을 주세요."라고 말한다. 귀를 기울이고 침묵하고 옆에 있어 주면 되는 일에 우리는 가속도를 붙여 그들을 내몰기 바쁘다. 어쩌면 전문가들조차도 회복이라는 듣기 좋은 목표를 내세워 사회가 바라는 틀에 끼워 넣으려고 하지는 않았나 반문해봐야 한다.

그들은, 작은 일에 매우 관심이 많다. 그들의 머릿속에서 나오는 두려움들이 때로는 인간에 대해 본질적인 질문을 던지게 만든다. 내가 평소에 생각하지 못했던 우주의 섭리를 느닷없이 깨닫는다. 그들은 그래서 재미있고 독특하다. 수학적 논리나 국어의 어휘나 과학의 발견과 발달은 그들에게 중요하지 않다. 아쉬운 건 가끔 도덕적인 규범과 사회적 질서에 대해서 그들만의 법칙을 적용하려 드는 고집스러움이 관계를 망치기도 한다. 이 부분은 미화되면 안 된다. 그들도 함께 살기 위해 배워 나가야 할 부분이며, 회복의 과정에 있는 많은 그와 그들의 관계개선에 대한 노력은 눈물겨울 정도이다.

마음이 가는 대로 오랫동안 눈길을 주는 것을 시선이라고 아이는 말했다. 무엇에 마음이 그렇게 오래 가는지 물으니 대부분 착하고 이쁜 것이라고도 했다. 사전적 정의가 어찌 되었건, 나는 이 말이 마음에 든다. 또한 선을 향해 가는 길을 보는 것이 아닐까 하고 억지로 뜻을 더하기도 한다. 오랫동안 내 마음이 가는 곳은 그들이 존재하는 곳이었다. 같이 한 세월이 있기에 내 작은 변화에도 그들은 민감하게 반응한다. 그들은 상당히 직설적이고, 거짓을 이야기하는 일이 드물다. 나는 못날 때도 있고 잘날 때도 있고 꾸미고 올 때도 있고 너저분해질 때도 있다. 그들은 그런 내 변화를 거르지 않는다. 내게 대놓고 못생긴 사람이라고 말하면 난 왠지 안심이 된다.

　그들과 길을 걷다가 예쁜 화단을 지나쳤다. 보기에 꽤나 정성을 기울인 화단이었고 꽃이 만발했다. 활짝 핀 꽃들 사이에도 잎이 떨어져 나간 것, 꽃잎이 채 피지 못하고 반만 드러낸 것, 시들해 진 것들이 한데 있었다. 그들을 함부로 뽑지 않는 주인의 관대함에 또 마음이 갔다. 활짝 핀 건 나 같고, 잎이 떨어져 나간 것은 그 또는 그들 자신 같다는 말에 어설프게 겸손을 떨지 않았다. 대신 "그래도 이 화단의 꽃들처럼 우린 함께 있잖아요."라고 했고 그들은 웃었다.

한 번도 생각해 보지 못한 그들의 삶을 이해시키기 위한 의무감으로 이 글을 시작했다. 그들에 대해 거칠고 두렵게 포장된 것을 벗겨내고 이제는 예쁘게 바라볼 수 있도록 향수도 뿌리고, 색감도 더하고, 아름다운 언어로 표현해내려고 노력하고자 한다. 그런 노력으로 사람들이 치켜 올린 눈에 힘을 빼고 반달 모양의 고운 눈길로 바라보게 되는 날까지, 이들을 알리고 함께하겠다고 또 다짐해 본다.

압정 게임

 나는 9살이지만 알고 있었다. 세상에 악마의 껍질을 입은 사람이 존재한다는 것을. 뉴스만 보더라도 유쾌한 소식보다 기분을 아주 더럽게 하는 일들이 허다하지 않은가. 하지만 놈은 다른 종류의 악을 지니고 있었다. 놈은 2인분의 책상 한가운데에 유성매직으로 찌익- 금을 긋고는 넘어오는 족족 압정으로 내 팔을 쿡쿡 쑤셔댔다. 압정은 언제나 놈의 책상 오른편 상단에 꽂혀 있었는데, 이건 나 이외의 다른 사람들을 괴롭히는데 매우 유용하게 사용되었다.

 쿡쿡. 놈의 앞자리에 앉은 여자애는 까만 원피스의 등 부분에 살색이 다 비치는 구멍 여러 개가 난 것을 보고 잔뜩 울어버렸다. 놈은 일말의 죄책감도 없이 낄낄거리다가 하마터면 옆으로 자빠질 뻔하기까지 했다. 어떤 남자애는 자기보다 키가 더 작다며 성장판을 자극하자며 꼬붕들에게 다리를 잡게 시켰다. 그러고는 무릎을 압정으로 쿡쿡 쑤셨다. 가늘고 얇은 피멍울이 퐁퐁 솟아오를 때마다 심각한 비명소리가 무리의 뒤쪽으로 들려왔고, 나는 최대한 그 소리를 듣지 않으려 귀를 막았다. 그런 잔인한 의식이 점점 심해져 갔다. 놈은 타인의 고통 속에서 희열을 느꼈고 나는 닭장 안의 닭처럼 목이 내려쳐질 날만을 기다리는 기분이었다.

    그러던 어느 날 놈이 잠깐 화장실을 다녀온 사이, 녀석의 책상에 박힌 압정이 눈에 들어왔다. 순간 저 압정을 빼내어 버리고 싶다는 충동이 일어났다. 빼버려! 당장 저 망할 것을 빼버리라고! 쿵쾅쿵쾅하는 울림이 속에서 커져갔다. 주변을 둘러봤다. 아무도 내가 뭘 하든 관심을 갖는 사람이 없어 보였다. 나는 압정의 윗부분으로 슬쩍 손가락을 올렸다. 다시 주변을 두런거렸다. 아무도 안 봐. 염려, 불안감, 그런 시선 따위는 오로지 나 혼자 지어낸 생각일 뿐이야. 손톱 사이로 단단한 이물감이 느껴졌다. 스륵, 스르륵, 뽁. 마침내 여러 사람의 고통을 쥐어짜던 압정이 뽑히고야 말았다. 압정의 날카로운 끝이 손끝에 닿자 엄지손가락의 지문 사이로 옅은 핏방울이 맺혔다. 마지막 희생. 나는 창문 저 밖으로 악마를 집어던져 버렸다. 이로써 정의가 다시 실현될 것이다. 더는 모든 아이들의 몸에 구멍이 나지 않을 것이다.

몇 분 뒤, 압정이 사라진 것을 발견한 놈은 내 옆구리를 걷어찼다. 곧이어 내 위로 올라타서 두들겨 패기 시작했다. 너 이 새끼, 감히, 내 고문 도구를, 따위의 말들이 귀에 윙윙 울렸다. 놈의 타격이 압정보다 더 날카롭게 꽂히는 느낌이었다. 그때 나는 내 희생이 참으로 부질없는 것임을 깨달았는데, 모두들 몸을 이쪽으로 돌린 채 두려움에 질린 짐승의 눈빛을 보내고 있었다. 놈의 매질보다 더 날카로운 압정들이 내 눈으로, 얼굴로, 몸으로 잔뜩 꽂히는 기분이었다. 왜 이래 나는 영웅이잖아. 모두의 시선에 웃음을 보냈다. 놈은 내 미소를 보고 열이 더 올랐는지 주먹으로 몇 대 더 갈기고 일어나 갑자기 사물함 쪽으로 성큼성큼 걸어갔다. 그 속에서 뭔가를 뒤적이다가, "찾았다!" 하며 뭔가를 꺼내는데 그 비열한 웃음이란! 놈의 손에 들린 것은 새로운 압정이었다. 이럴 수가. 악마란 정말 존재하는 것이구나!

놈은 압정을 손에 쥐고 서서히 다가오고 있었다. 뒷걸음질, 다시 뒷걸음질, 그리고 벽. 압정의 끝이 내 눈알로 꽂히기 일보 직전이었다. 3초 뒤면 나는 끝이다. 삼, 이, 일… 탁! 하는 소리와 함께 작은 쇳덩이가 어디론가 데구르르 굴러가는 게 들렸다. 교실은 조용했지만 이젠 새로운 긴장이 찾아왔다는 눈빛이 느껴졌다. 하얗고 희미한 빛이 살짝 스치는 찰나,

"너 이 악마 같은 새끼!"

낯선 어른의 목소리가 들렸다. 고개를 들어 손의 주인공을 보았다. 그건 천사였을까? 아니면 담임 선생님이었을까? 하얀 손은 놈의 귀를 쭉 잡아당겼다. 놈은 우리들의 우두머리이자 고문관에서 이제 한순간에 지옥으로 떨어진 영혼이 되어버렸다. 그러면서도 놈의 눈은 나를 계속 노려보고 있었다. 어른의 손아귀에 귀가 찢어지는 고통을 느끼면서도, 입은 아아– 를 외치면서 시선은 여전히 나를 떠나려 하지 않았다. 두고 보자, 두고 보자, 메아리 같은 눈빛. 그 시선에서 이미 내 눈알은 뚫려 버린 것만 같았다.

왜 학교를 안 가니, 학교에서 무슨 일 있니, 그래도 밥은 먹어야지. 엄마의 목소리가 거친 노크 소리와 함께 문밖에서 웅웅 울린다. 나는 압정 게임에서 분명히 이겼지만 다시는 학교에 가지 않을 것이다. 내가 겁쟁이여서가 아니라 놈의 책상에 다시 압정이 꽂혀있는 것을 보는 것이 꽤 고역스러울 것 같아서이기 때문이다. 놈은 악마여서 분명 압정 게임을 멈추지 않을 것이다. 압정은 머지않아 못이 되고, 칼로 진화하겠지. 나는 압정 게임에 희생자나 참여자가 되고 싶지 않다.

그날 이후 벽에 녀석의 사진을 붙여두고 놈의 두 눈에 압정을 찔러 넣었다. 녀석은 다시는 나를 보지 못할 것이다. 놈은 날 찌르지 못했지만 나는 놈을 찔렀고, 마침내 이겼다. 압정 게임. 눈알이 뚫려버린 것 같은 섬뜩함이 몸서리처럼 올라올 때마다 녀석의 최후가 생각난다. 압정 게임. 놈의 영혼은 압정에 찔린 수 만큼 지독하게 고통스럽고 고독하길. 악행은 압정으로 고정되어 길이길이 전시되길. 그리고 압정이 있던 자리는 나를 외면했던, 많은 이들의 몸에 난 구멍들로 메워지길.

시선을 따라

언젠가 이런 이야기를 들은 적이 있다. 영장류 중 우리 인간의 눈에만 유독 흰자위가 넓게 발달해 있다고. 그리고 그것이 다른 존재가 나의 시선을 알아채기 쉽도록 하기 위함이라고 말이다. 그러니까 낯선 누군가와 관계를 쌓아간다는 건 서로 상대의 시선이 그려낸 궤적들을 켜켜이 쌓아가는 것일지도 모른다. 다양한 상황들 속에서 내 눈이 닿았던 대상들, 눈이 움직였던 방식, 이어진 내 행동들까지 오랜 시간 지켜본 이가 있다면 그는 누구보다 나를 잘 이해하고 예측할 수 있을 테니까.

취미 삼아 찍어두었던 사진을 정리할 때면 그저 그 순간의 나 자신, 내 경험을 억지로 남기려 애쓴 흔적들이 보이는 것들을 마주하게 된다. 녹음된 자신의 목소리를 처음으로 들었던 날처럼, 이런 사진과의 재회는 늘 부끄러운 경험이다. 사진이던 글이던 작가가 되는 첫 관문은 그 달아오르는 감각에 익숙해지기 인가보다. 마침 배가 불러 마음이 너그러울 때, 서투르지만 용기를 내고 있는 누군가의 앞에서, 의도치 않게 발언을 해야 할 때처럼, 어떻게 한없이 부족한 자신을 견뎌가며 지속할 수 있을까? 그저 반복을 통해 그 부족함에 무뎌질 때까지 익숙해지는 것일까? 무엇을 시도하기 위해 그것을 일정 수준으로 할 수 있는 실력이 필요하다는 건 모순일 뿐이다. 아니란 걸 알고 있어도 늘 그렇게 보이는 착시현상 같은 모순.

요즘 나의 일상은 처음 동네 책방으로 향했을 때 기대한 것과 사뭇 다른 풍경이 되어버렸다. 물론 여전히 먹고사는 문제가 나를 압박하고 있다. 통장 잔고의 자릿수가 한 번 더 바뀌는 경험을 하게 될까 무섭다. 그저 눈길 닿는 곳에서 작게 반짝이는 것들이 나비처럼 사라져버릴까 눈을 떼지 못한 채 걸음을 옮길 뿐. 그렇게 걸음을 옮겨가다 보니 지금은 글을 쓰고 있다. 혼자 몰래 보고 지워버린 사진들처럼 부끄러운 글을 쓰며 각오를 다진다. '내가 찍었지만 마음에 꼭 드는 사진' 같은 글을 만날 거란 기대는 버리자. 이제 겨우 시작하면서 그런 기대를 품는 건 지나친 욕심이니까. 아니다, 이건 욕심 이전에 사람들이 잘 썼다는 글을 봐도 딱히 감흥이 없으니 아마도 소양 문제라고 봐야지.

이렇게 뻔뻔하게 글을 쓰고 사진을 찍고 그 밖의 일들을 벌이고 겪으면서, 나는 앞으로 무엇을 눈에 담게 될까? 언젠가는 결국 현실에 못 이겨 그저 고개를 숙이고 묵묵히 달려야 하는 날이 분명 올 것이다. 그때까지는 그저 눈 닿는 이들의 시선을 따르며 보이는 것들을 눈에 담고 내키는 대로 발을 내디뎌 가야겠다. 그리고 나 역시 눈동자가 향하는 방향이 잘 보이도록 눈을 크게 떠야지. 낯설고 수상한 나를 따라 시선을 옮겨준 그대가 작은 나비를 발견하게 되길 바라며.

지푸라기

두 번째 책을 내고 난 직후부터 나는 몇 가지 의문에 적절히 들어맞는 답을 찾지 못해 오랜 기간 몸서리를 앓고 있었다. 이는 내가 주기적으로 상대해왔던 '아무것도 써지지 않는 상태'와는 전혀 다른 성질의 것이었다. 지금 생각하면 단순히 써지지 않을 때 숨을 고르듯이 토해내는 '슬럼프'라는 단어는 그렇게 대수로울 것도 아니었다. 힘주어 앉아서, 써지지 않으면 써지지 않는다고 쓰거나, 그래도 답이 보이지 않으면 내 그릇이 비었구나 여기며 좋은 이야기를 마주하고 삼키기 위한 노력을 거듭하면 될 뿐이었다. 책을 읽고 사람을 만나고, 보고 듣고 느끼고 말하고, 긴밀해지거나 영영 멀어지는, 마음속에 일어나는 파문을 지켜보며, 기록을 거듭하면 그뿐이었다. 문장력에 관한 고민은 말할 가치도 없다. 문장이 좋은 이야기에 덧대기 위한 도구일 뿐이라는 걸 이제 아니까. 이야기를 적절히 표현할 문장을 쓰지 못해 곤란해지면 그때 가서 전문 글쓰기 강좌를 등록하거나, 애정하는 작가의 책을 전부 필사하는 식으로 정직한 수련을 거치면 되니까. 시간이 걸릴지언정 답이 존재한다는 걸 알면 그렇게 무섭지도 않았다. 되풀이될지언정 지나간다, 그리고 다시 그 시기를 마주할 즈음의 나는 이전과는 다른 표정과 마음으로 한결 여유롭게 대처할 수 있다. 그렇게 믿었는데. 이번에 찾아온 벽은 무언가 달랐다.

이것을 간단히 말하자면 죄책감과 부끄러움이다. 하필 평생 하고 싶은 것 중에서도 영영 놓지 않고 싶은, 글을 쓰는 행위가, 나아가 책을 만드는 일이 나를 끝나지 않을 것 같은 고통의 시간 속으로 힘껏 밀어 넣었다. 치를 떨 정도의 상처를 누군가에게 건넨 이가(그것이 고의인지 실수인지는 당연하게도 중요하지 않다) 자신의 글을 통해 무언가 말하고 울림이 닿기를 기대한다는 사실이 견딜 수 없이 끔찍하게 다가왔다. 문제는 그만둘 수도 없다는 것이었다. 계속하고 싶다. 해야만 한다. 내가 삶을 가끔은 만만하게 여길 수 있게 만드는 수단 중 가장 효과적인 것이 바로 이것이기 때문이다. 그런 생각을 하면서 나는 공포와 죄스러움 속에 계속해서 써 내려갔다. 다만 규칙을 만들었다. 나의 이야기는 온전히 쓰되 한

때나마 관련되었던, 먼저 떠나거나 나를 남기고 간 그들이 내 글 안에서 영원한 슬픔이 되지 않도록. 누구의 편도 없이 홀로 갇히지 않도록, 그들의 삶을 발설하려 들지 말자. 허락을 구할 생각도 하지 말자. 그건 스스로에 대한 최소한의 형벌이자 의무다. 그렇게 마음을 먹었다.

그렇기에 내가 낸 두 권의 책은 반절의 에세이와 반절의 거짓이 섞여 있다. 엄밀히 말하자면 거짓은 아니다. 내가 건네야 했던 말과 행동, 순간에 맞춰 알맞게 지어야 했던, 그들을 안심케 했을 표정, 함께 할 수도 있었던 이야기를 담았으니까. 그러나 나의 잘못으로 인해 그러한 가능성이 모조리 자리를 잃고 추락한 것 또한 사실이기에, 거짓이라 불려도 나는 반론할 수 없다.

그런데 며칠 전 나는 지푸라기를 잡았다. 그건 찰나에 스친 아무것도 아닌 합리화라 치부할 수 있었지만, 나를 계속해서 쓰게 할 무엇이든 필요했던 나는 그걸 움켜잡았다. 그것은 짧고도 뻔뻔하게 느껴지는 하나의 문장이었다.

'누구도 내게 쓰지 말라고 하지 않았다.'

나는 뇌리에 떠오른 이 생각을 정말이지 오랜 기간 곱씹었다. 이 결론을 합리화가 아니게 하려면, 나를 부끄럽게 하지 않는 결론으로 정리하려면 어떻게 해야 하는지에 대해서. 해가 지고, 몇 주일이 지나 달이 바뀌었다. 나는 일기에 적었다.

"나를 미워하게 되어 떠나던 사람조차 내게 '계속 쓰라'고 말했다. 모든 걸 팽개친 채 곧잘 쓰러지던 나에게, 그들은 마지막까지 선물을 주었다. 지금 와서 그들의 생각이 바뀌었다고 여기며 나를 고립된 일상으로 유폐하는 건 죄를 갚아나가는 일조차도 아니다.

반성하고 용서를 구하고, 귀하게 여겼던 이들의 안녕을 바라는 방식은 일시적인 말도, 순간의 용기에서 비롯된 행동도 아니다. 그건 자세의 문제였다. 나의 잘못을, 그것이 상황에 의해 발생한 사고였든, 또는 완벽한 악의에 의한 것이었든 상관없이, 잊지 않고 살아가는 것. 언제까지고 그렇게."

–

지금 내게는 언제 끝날지 모를 권태로운 시기가 다시금 찾아왔다. 귀하게 여기던 가치와 의미들을 건조한 눈으로 바라보곤 한다. 마치 스스로는 인간이 아닌 듯이, 다른 종이 먹고, 마시고, 긴밀해지다가 끝장이 나고, 취하고, 노래방에 가서 목청껏 노래를 부르는 행위가 마치 기원전 어느 부족의 의식 같다 여기면서. 그러나 나는 이것만큼은 알 것 같다. 이건 지독한 허무주의 같은 게 아니다. 한때 그렇게도 사랑하던 풍경과 이야기, 한때 '우리'였던 시간이, 사랑받아 마땅하고, 또 그게 전부라는 걸. 그 분명한 사실이자 느낌을 되찾겠다 다짐을 한다. 슬플지언정 망각의 세계로 들어가지 않겠다고. 눈물겹게 생생해지고 말겠다고. 그래서 남의 일인 마냥 나를 보지 않고, 다시금 이 질척한 땅에 발을 딛고 말겠다고.

길을 지나다가 공사판 소리가 들리면 그대로 멈추어 서서 한참 듣는다. 스치던 것들을 또렷하게 쳐다보고, 한 번만 보고 지나치던 것들을 더 보기 위해 쭈그려 앉는다. 나뭇가지와 잎 사이로 쏟아지는 햇살을 오랫동안, 멍하니 바라본다.

탈출

사람들은 누구나 남다르게 꽂히는 지점을 갖고 있다. 보편적으로 감흥을 불러내지 않는 대상을 좋아하는 경우라든지, 이상하게 예민한 감각이 솟구쳐 견딜 수 없을 만큼 싫은 순간이라든지. 물론, 산책 중인 개나 그런 개를 가리키며 반가움을 드러내는 아이 같은 존재에게는 언제든 불가항력으로 얼굴에 번지는 미소와 함께 눈길이 가기 마련이다. 산책자가 되는 경험은 자신의 취향, 호불호, 대상을 바라보는 관점 등을 감각하고 이해할 수 있는 시간을 제공한다. 자신의 시선이 어디에 머무는지 경험함으로써 우리는 진화하는 포켓몬처럼 '과거의 나'에서 '현재의 나'로 탈바꿈할 수 있다.

서론을 저렇게 깔고 이 얘기를 하면 조금 모순적이지만 나는 산책을 좋아하거나 자주 하는 편은 아니다. 한때 많이 아팠을 적, 감각이 지나치게 예민해져서 발생하는 모든 소음,

소리, 타인의 대화 등이 여과되지 못하고 온통 다 들리는 경험을 겪은 적이 있다. 이후로 밖에 나갈 때 귀에 이어폰을 꽂지 않으면 생활이 불가능할 만큼 두려움을 느끼는 편이라 자연스러운 산책은 거의 해본 적이 없다. 다행히 산책에 관한 이런 입장이 산책을 생소하지만 본격적으로 해야 하는 일종의 정식 활동으로 자리매김할 수 있게 했다. 그러니까, 산책은 내게 마음을 굳게 먹고 '오늘은 산책을 하자!'라고 결심해야 할 수 있는 일이라서(당연히 이어폰 없이) 산책한 날의 장면, 기분, 생각 등을 비교적 선명하게 상기할 수 있고, 이건 기록을 좋아하는 내게 꽤 좋은 일이다.

봄과 여름 사이였다. 이른 아침이라 조금 쌀쌀했지만 반팔 상의, 추리닝 바지, 플립플롭 차림을 하고 내가 사는 아파트 단지 안을 돌고 있었다. 그러다 길 건너에서 익숙한 사람을 보았다. 아파트 같은 라인의 7층에 사시는 나이가 지긋하신 분이었다. 그분은 거동이 불편하셔서 늘 지팡이와 함께 걸으셨고 엘리베이터를 타고 내리실 때도 마치 갯벌에서 걷는 동작처럼 느리게 꼭꼭 씹어 걸으셔서 마주칠 때마다 엘리베이터의 열림 버튼을 눌러드리곤 했다. 그분도 아침 산책 중이신 것 같았다. 내 걸음으로 그분을 앞지르는 건 어려운 일이 아니었다. 앞지르면서 내 시야에서 그분이 사라지는 순간, 나는 나도 모르게 우뚝 섰다. 그러자 곧 다시 그분이 보였다. 잠시 서서 그분이 시야에서 멀어질 때까지 기다렸다. 왜 그랬는지는 모르겠는데, 그러고 싶었다. 그분이 더이상 보이지 않을 때까지는 수 분이 걸렸던 것 같다. 생각했다. 나와 저 사람에게 '걷기'는 완전히 다른 활동이겠구나. 나에게 걷는 일은 매번 목적지로 향하기 위해 밟는 수단 같은 것이다. 숨쉬는 일보다는 귀찮고 먹는 일보다는 잦은. 하지만 그분에게 걷는 일은 매일 조금씩 수행해야 하고 멈추면 퇴보하는 연마의 과정일 것이다.

나는 '연마'를 좋아한다. 단어 자체의 어감도, 뜻도, 쓰임도 좋아한다. 점점 더 빠르고 간편한 것들을 요구하고 만들어내는 세상의 흐름 속에서 연마는 귀하고 아름답다. 그것은 기계는 할 수 없고, 영혼을 가진 존재만이 할 수 있는 일이라고 생각한다(만약 기계에게 영혼이 있는데 내가 몰랐던 거라면 심심한 사과를 표한다). 외부 자극과 관계없이 차근차근 걸음마다 집중하던 그 모습이 한동안 기억에 남았다. 이따금 떠오른다. 그만큼 느리게 걷는 사람에게 하루는 얼마나 짧을까. 그럼에도 걷기를 멈추지 않는 그 몸의 생동성에 관해서 누가 감히 논할 수 있을까.

그날 나의 시선은 타인의 발 두 개와 알루미늄 막대기 하나에 오랫동안 아니, 잠시 머물렀다. 내가 나의 밖으로 탈출하지 않으면 감각할 수 없는 것이 이 세계 도처에 널렸다. 죽기 직전까지도 모르는 게 너무 많을 것이다. 하지만 타인의 신발을 신는 경험은 내 몸의 경계를 넓힌다. 연마에 대해 생각한 그날은 내가 그때까지 연마라 여기던 것에게 해방의 날이었다. 시선이 이미지를 능가하는 순간, 우리는 또 한 번 자라는지도 모른다.

필기구

오늘도 쓰기 위해 오신 여러분 반갑습니다. 한때 우리가 쓴다는 표현을 사용하면, 한 손에 무언가 쥐고 흔적을 남기는 행위였지요. 그러나 이제는 열 손가락을 다해 쓰기도 하고, 손가락 두 개로 일상을 써 내려가고 있습니다. 저는 뭐든지 손으로 쥐고 쓰는 것을 좋아합니다. 연필, 펜, 지우개. 그것을 담던 필통까지. 힘 조절하지 못해 흑심을 부러뜨리던 기억이 있나요. 손에 쥐고 쓰던 이야기를 이곳에서 풀어써주세요.

인생 스케치

B와의 통화가 길어졌다. 같이 있는 친구들에게 미안했지만 도저히 끊을 수 없었다. 친구들은 손을 휘이 휘이 하며 괜찮다는 손짓을 보냈다. 어차피 자기들은 휴대폰 게임하기 바쁘다며 개의치 말라고. 끊을 생각이 없는 B와의 통화가 슬슬 지루해지기 시작했다. 그렇다고 지금 친구들이랑 같이 있으니까 나중에 통화하자며 툭하니 끊을 수가 없었다. 거의 일 년 만에 통화하는 것이기도 했고, 타지에서 친구와 가족 없이 혼자 살고 있던 터라 외로웠는지 목소리에 신이 나 있었기 때문이다. 더불어 지금 자신의 일도 그렇고 사랑도 그렇고 뭐 하나 제대로 되는 게 없다며 힘든 이야기만 툴툴 쏟아냈다. 사실 조금 얄미웠다. 아는 사람이 아무도 없는 타지로 전근을 갔지만 내가 보기에 그의 인생은 나쁘지 않았다. 오히려 아는 사람들 중 가장 괜찮은 편이었다. 직장은 편하고 또래에 비해

돈도 많이 받고 애인도 있고 이번에 새 차도 뽑았으니까. 아무리 좋게 생각하고 싶어도 역시 얄미운 건 어쩔 수 없는 사실이었다.

아무래도 삼십 분 이상은 더 통화를 할 거 같았다. 나는 그의 말에 기계적으로 대답하며 메모지와 펜을 찾았다. 메모지가 없어 냅킨을 가져왔다. 냅킨에 선을 그었다. 선과 선을 연결시켜 사각형을 그렸고 사각형과 사각형을 연결해 건물을 완성했다. 혹은 아무 문장이나 썼다. B의 말을 따라 쓰기도 하고 말도 안 되는 글을 쓰기도 하고. 내용은 중요하지 않았다. 낙서하는 행위가 중요할 뿐. 그나마 쓰는 행위로 지루함과 죄책감(사실 너는 모르겠지만 지금 너와의 통화가 무척 지루해)을 덜 수 있었다.

그렇게 오십 분 남짓의 통화를 끝냈다. 친구들은 무슨 애인도 아니고 뭔 통화를 오래 하냐고 그랬고 나는 오랜만에 통화하는 거라 미안하다 했다. 그들은 어차피 너랑 노는 것보다 게임하는 게 더 재미있으니까 상관없다고 킥킥거리며 말했다. 역시 내 친구들이다. 친구 중 한 명이 냅킨의 낙서를 보며 말했다.

"너 수전증 있냐? 무슨 그림들이 다 흔들려 있냐?"

"네가 뭘 알아? 건축가의 스케치를. 흔들면서 그리는 게 멋있는 거거든?"

"지랄."

냅킨 속 낙서는 대부분 흔들린 건물들이 잔뜩 그려져 있다. 수전증은 아니고, 건축 스케치를 할 때 선을 그리는 몇 가지 방법 중 하나이다. 곧고 빠르게 그리기, 옅게 여러 번 그리기, 천천히 흔들며 그리기 등 건축가가 좋아하는 스타일에 따라 그리는 방법이 다르다. 그런 선과 선이 만나 면이 되고, 면과 면이 만나 공간과 건물이 된다. 선 스타일에 따라 스케치의 전체적인 느낌은 완전히 달라진다. 거기에 펜의 종류에 따라 분위기가 달라지기도 한다.

나는 주로 흔들며 선을 긋는다. 처음에는 곧고 빠른 선에 매료돼 몇 번 따라 해 본 적도 있지만 매번 도착점이 어긋나 스케치를 망치곤 했다. 옅게 여러 번 그린 선은 도착점에 잘 갔지만 전체적으로 스케치가 지저분했다. 그래서 주로 천천히 흔들며 그리기를 선호하는 편이다. 천천히 흔들며 그리기는 선을 긋다가 도중에 어긋나면 살짝 방향을 바꿔 자신이 원하는 도착점에 도달할 수 있다. 완성된 스케치를 보면 어긋난 부분이 티가 안 날뿐더러 전체적으로 어색하지 않다. 그런 스케치 습관으로 평소 낙서도 흔들렸나 보다.

"어지러운 네 그림을 보니까 마치 내 인생 같구먼. 아주 엉망진창이지."

친구가 킥킥거리며 말했다. 그는 농담으로 말했지만 사실 진심이었을지도 모른다고 생각했다. 확실히 우리의 인생은 늘 흔들림의 연속이니까. 그 흔들린 선과 우리는 참 닮았다.

우리의 인생은 늘 흔들림의 연속이었다. 크고 작은 일들은 우리를 한없이 뒤흔들고 때론 방향을 잃게도 했다. 휘청거리며 선 위에 주저앉을 때도 많았다. 그럼 누가와 일으켜 줄 때도 있었고 무심히 지나가 버릴 때도 있었고 때론 아무도 없을 때도 있었다. 그렇게 주저앉았다가 꾸역꾸역 일어나 아무 일도 없다는 듯이 다시 방향을 잡고 도착점을 향해 걸어간다. 그렇게 우리는 자신의 방법으로 선을 흔들며 그려나갔고, 결국 그 선과 면을 만들어 '나'라는 고유의 공간이 됐다. 만족할 수도 있고 불만족할 수도 있겠지만 어찌 되었든 우리는 자신이 그려놓은 스케치 속에서 꾸역꾸역 살아갔다.

문득 그런 생각이 들었다. 냅킨에 그린 낙서처럼 우리가 그려놓은 인생의 선들이 실제로 보인다면. 옆에서 도움을 줄 수도, 힘들 땐 친구들에게 기대어 무탈하게 그려나갈 수 있었을 텐데. 방금 전 지루해하며 통화한 B에게 미안했다. 지금 힘들게 흔들린 선을 그려나가고 있었을지도 모르는데 말이다. 그저 지루하고 얄밉게 생각한 자신의 마음에 죄책감이 들었다. 낙서가 되어 있는 냅킨을 구겨서 쓰레기통에 버리며 내일 B에게 다시 전화해야겠다고 생각했다.

펜 도둑

"이건 빨간색보다는 덜 중요한 거지만, 그래도 외워두면 좋으니까 분홍색으로 표시할게."

선생님이 분필 색을 바꿔 들며 말했다. 필통을 봤는데 분홍색 분필에 어울릴만한 색 펜이 없다. 분홍색 분필인데 파란색은 좀 그렇고… 빨간색보다는 덜 중요하다 하셨으니 겹치게 빨간색으로 쓰고 싶지는 않고… 그렇다고 형광 분홍색은 두꺼워서 필기가 쉽지 않은데….

"J야, 너 분홍색 펜 있냐?"

열심히 필기하는 뒷자리 친구에게 물었다. 정신없이 선생님을 따라 필기하던 J는 나를 쳐다보지도 않고 옆에 뚜껑이 채 닫히지 않은 분홍색 펜을 턱 끝으로 흘깃 가리켰다. '땡큐-' 가볍게 휘파람을 불듯 J에게 속삭였다. 펜은 공책에 매끄럽고 필감좋게 미끄러졌다. 분홍색 펜 필기감이 거기서 거기겠거니 생각한 나는 순간 흠칫 놀랐다. 필기를 다 하고 뚜껑을 닫으며 어느 회사인지 확인했다.

"야 이거 필감되게 좋다."

"이거 비싼 거거든."

선생님의 필기를 아직도 따라가기 바쁜 J가 말했다.

그 이후 찾아보니, 그 펜은 색이 많고, 정말로 비쌌다. 그 시절 대부분의 펜은 500원에서 1,000원 사이였는데, J의 펜은 2,800원이었다. 당시 중학생이었던 나는, 하나에 2,800원 하는 분홍색 펜 하나를 들고 한참을 고민하다 결국 내려놓았다. 2,800원이면 당시 학원 끝나고 친구들과 먹는 닭꼬치를 두 번 못 먹는 가격이었다. 나는 닭꼬치를 선택했다. 다행히 선생님이 분홍색 분필을 꺼내는 날은 많지 않았고 기억 속에 펜은 희미해져 갔다.

어느 날 해외로 출장을 간 아빠가 면세에서 뭘 사가면 좋을지 물어봤다. 나는 바로 유명 브랜드 초콜릿과 그 브랜드 펜이 있으면 사 와달라고 부탁했다. 집에 돌아온 아빠는 펜이 너무 비싸서 못 샀다고 했다. 무슨 펜 세트가 몇만 원이나 하냐. 있길래 사려고 들었다가 깜짝 놀랐다. 투덜대는 아빠에게 실망했지만 어쩔 수 없지-하며 초콜릿 포장을 뜯었다. 그때

뭔가로 찌르는 느낌이 나 뒤돌아보니, 가방에서 아빠가 12색 세트로 묶여있는 그 펜을 들고 있었다.

"야 그거 알지? 꼭 공부 못하는 애들이 필통 두둑이 들고 다니는 거."

아빠는 놀리면서도 실실 웃었고 나는 소리 질렀다. 태어나서 그렇게 다양한 색의 펜이 꽂힌 건 처음 봤다. 어릴 때 64색 크레파스를 이모가 사줬을 때 이후 그런 느낌은 오랜만이었다. 다음날 펜 세트를 가지고 학교에 갔다. 12색 펜을 필통에 가득 넣어가니 친구들은 환호했다. 별별 색이 많았다. J가 빌려줬던 분홍색 말고도 갈색, 남색, 보라색 등등 영롱한 색들, 크레파스나 색연필이 아닌 얇은 필기용 펜에서는 처음 보는 색의 펜들이 가득했다. 그중에는 막상 필기하면 잘 보이지도 않을 것 같은 색도 있었다.

'쟤네 집 잘 살잖아. 아빠 은행장이어서. 완전 공주지 뭐.'

누군가 지나가듯 희미하게 비꼬는 소리가 들렸지만, 못 들은 척했다. 사실 모른 척하고 싶었다. 저 말은 30프로 정도만 맞았다. 아빠는 은행에 다녔지만, 은행장은 아니었고, 우리 집은 딱히 잘 살지도 않았다. 우리 부모님은 중학생 딸의 학용품으로 몇만 원씩 쓰실 분들이 절대 아니었다. 그래도 딱히 부정하지 않았다. 오히려 속으로 대꾸했다.

'어쩌라고? 부러우면 부럽다고 하던가.'

모두가 같은 교복을 입고, 두발 규정이 엄한 학교에서 비슷한 키에 여드름이 가득 난 얼굴로 앉아있는 그 시절, 나를 포함한 내 또래들이 뽐낼 수 있는 것 중 하나는 학용품이었다. 평범했던 내가 12색의 펜을 들고 간 그날부터 나의 학급에서 위치는 조금 달라졌다. 선생님이 다른 색 분필을 드시면, 반의 70프로는 나부터 찾았다.

'조교야 나 노란색 좀, 쟤 쓰고 나 써도 돼?', '나는 남색 한 번만 써도 돼?', '나 교환일기 쓰는데 보라색 한 번만 빌려주라. 이름만 쓰고 돌려줄게.'

나는 의연한 척하면서도 우쭐했다.

그로부터 얼마 뒤, 체육 시간이었다. 피구 할 때 맞은 배가 이상하게 너무 아파서 선생님께 말씀드리고 먼저 올라왔다. 화장실부터 가봤는데 생리가 터져있었다. 어쩐지 말도 안 되게 배가 아프더라니 짜증나. 내가 가방에 생리대가 있던가. 생각하며 반에 올라왔는데 문이 열려있었다. 그리고 안에서 누군가가 나오다가 부딪혔다.

"뭐야?"

얼굴 확인할 새도 없이 상대는 빠르게 뛰어갔고 나는 놀라 반으로 튕기듯 뛰어 들어갔다. 반은 평범했다. 책상 위에는 교복이 어지럽게 올려져 있었고 가방이야 누구는 닫아놓고 누구는 열어놓는 게 너무 자연스러워서 누구 걸 뒤졌는지 분간할 수 없었다. 나는 재빨리 내 가방을 열어봤다. 지갑은 가지고 오지 않았고, MP3는 가방 안주머니에 넣어놔 다행히 없어진 건 없는 것 같았다. 종이 울리고 곧 친구들이 돌아왔다. 몇몇 친구들이 소리를 질렀다. 지갑이, 이어폰이, MP3를 잃어버린 친구들이 상당수였다.

"너 얼굴 확인 못 한 거 맞아?"

반장이 재차 확인했고 나는 열심히 얼굴을 기억하려 했지만, 너무 짧은 순간에 튀어나와 생김새도, 심지어는 명찰 색도(학년별로 명찰 색이 달랐다.) 기억나지 않았다.

"어떡해. 생일선물로 받은 MP3 잃어버렸어"

한 친구가 울며 소리쳤고 반 분위기는 초상집이 되었다. 나는 안도감과 동시에 죄책감을 느꼈다. 내 MP3는 가방 안쪽 깊숙이 있어 털리지 않은 것 같았다. 그리고 다음 수업 종이 쳤다. 선생님이 들어오시고 노트를 꺼냈다. 그리고 가방 안으로 필통을 꺼내려 손을 넣었다 소리를 질렀다.

없었다. 필통이. 통째로.

 교실은 다시 아수라장이 되었다. 선생님이 조용히 하라고 했지만 소용없었다. MP3, 지갑을 잃어버린 친구들은 다시 울었다. 나도 울고 싶었지만, MP3를 잃어버린 친구가 바로 앞자리에 앉아있었다. 아직 기기에서 비닐도 다 못 뗀 새것이라고 했다. 물건을 도둑맞아 슬픈 건 같았지만 펜보다는 MP3가 속상함에 있어 더 우위일 거라 생각해 열심히 친구를 위로했지만, 친구에게는 별로 도움 되지 않은 것 같았다.

 그 이후, 꽤 시간이 흐른 뒤에도 반 친구들은 나에게 펜을 빌려달라며 왔고 내 자리까지 와서야 아차-하고 돌아갔다. 그때마다 착잡한 기분이 들었다. 다시 사기에 그 펜은 너무 비쌌고, 그냥 넘기기에는 필기감과 그 우쭐함을 잊기 힘들었다. 가끔 생각했다. 그 도둑은(결국, 못 잡았다.) 왜 하필 내 필통을 가져갔을까, 내가 좋은 펜이 있다는 걸 알았던 걸까? MP3가 들어 있는 가방의 안주머니를 뒤진 대신, 필통을 가져간 걸 안도해야 하는 걸까? MP3에는 생방송 때 내가 직접 녹음한 그 당시 너무너무 좋아한 가수의 라이브 음원이 들어있었다. 그걸 가져갔으면 난 말라죽었을 거야. 차라리 펜을 가져가서 다행이라고 생각하자. 그러다가도 울컥 화가 나서 왜 내가 도둑맞은 걸 다행이라 여겨야 하는 거지? 생각했다. 친구들이 나에게 펜이 없다는 걸 완전히 잊은 건 거의 한 달이 지난 이후였고, 나는 다시 이전 학교생활, 내 이전 위치인 평범하고 말 많은 애 포지션으로 돌아갔다.

    고등학교 때는 용돈이 생겨, 조금씩 아껴서 특이한 색 펜을 모았다. 그리고 몰래 썼다. 행여나 또 도둑맞을까 수업 시간에는 잘 안 꺼내고 야간 자율학습 시간에만 꺼내 학업 계획표를 쓰거나 다이어리를 쓸 때만 사용했다. 조용한 자율학습 시간, 선생님이 지나다니면서 공부를 열심히 하는지 감시할 때 다이어리에 그날 맛있었던 점심 메뉴나 먹고 싶은 야식 메뉴를 색깔별로 조용히 쓰는 게 당시 나의 즐거움이었다.(영양사가 될 복선이었을까….) 좋아하는 노래 가사를 적기도 했다. 이런 펜 욕심은 우습게도 대학교를 진학하자마자 없어져 한동안 가방에 입시설명회 때 받은 삼색 볼펜 하나만 들고 대학교에 다녔다.

내가 만년필을 사게 된 이유

행복한 사람은 글을 쓰지 않는다고 하던가? 퇴사하고 나서 책방에 다니고 있으니 나도 예외는 아닌 것 같다. 문자로 비명을 지르는 법은 배우지 못했으니, 내게는 쓰는 행위가 삶의 고통과 동시에 일어나는 일은 아니다. 한동안은 그저 웅크린 채 천천히 그것들을 소화시켜야만 했다. 그리고 그렇게 소화되고 남은 조각들이 때마침 글쓰기를 시작하는 이 시점에 눈에 들어왔다. 그래서 이번에는 그중 하나를 아주 조금만, 조금만 건드려 볼까 한다.

그러니까, 국내에서 COVID-19 대유행이 시작되기 직전인 2019년 말부터 2020년 초의 일이다. 나는 당시 부천에 살고 있었고 그곳에서 꽤 거리가 있는 곳으로 갑작스레 이직을 하게 되었다. 입사 직후부터 왕복 두 시간 반의 광역버스 출

퇴근으로 한 달을 버티다 결국 포기하고, 회사 근처 고시원을 계약한 지 한 달 정도 되었을 즈음이다. 그러니까 입사 두 달여 만에, 나는 갑작스럽게 해고, 아니 수습 탈락을 통보받았다. 그 뒤로 한동안은 매일같이, 그곳에서 경험했던 대화들을 숨소리와 표정까지 곁들여 끊임없이 되새김질하는 시간을 살아냈다. 생각으로부터 도망치기 위해 자전거를 타기 시작했고, 그렇게 부천과 부평 일대를 누비고 다녔다. 백팩에 랩톱을 넣고 자전거에 올라 마음 내키는 만큼 페달을 굴렸다. 그러다 적당히 지치면 근처 카페를 찾아 자리를 잡았다. 어떤 일에도 집중하지 못하는 상태였지만, 몸에 밴 오래된 습관대로 랩탑 화면을 바라보며 무언가를 하려고 부단히 애를 썼다. 그렇게 낯선 카페들을 휴게소 삼아 도망치다가 해가 지면 집으로 돌아왔다.

    '카페 캘리' 역시 그 시절의 어느 날에 우연, 아니 필연이 발견하게 된 곳 중 하나이다. 자전거로 부천역 주변을 떠돌다가 지도가 안내하는 경로를 따라 으슥한 골목에 도착했다. 지나갈 때 '띵~동~'하고 울리는 계단을 올라 2층의 입구로 들어섰다. 제일 먼저 펜과 만년필로 가득 찬 벽면과 진열장이 나타나는 그곳의 첫인상은 카페보다는 문구점이었다. 다행히 안쪽을 슬쩍 들여다보니 비어있는 테이블이 보였다. '카페로 알고 들어왔으니 일단 주문을 하긴 해야 할 텐데…' 두리번거려도 가게 주인이 보이지 않았다. '계세요~?' 하고 소심하게 외치자 그제야 '넵' 하는 담백한 대답과 함께 자리에서 일어나는 사장님의 얼굴이 보였다. 계산대 위조차 약간의 틈만 남겨둔 채 펜과 잉크 진열장을 높게 쌓아올려 둔 탓이었다.

때마침 한편에 '취업상담 프로그램 안내 책자'가 놓인 데다 손님이 전혀 없던 그 공간은 마치 나 한 사람을 위해 준비된 공간처럼 느껴졌다. 으슥한 골목 건물 2층이라는 입지 조건, 훌륭하다고 말하기는 어려운 커피 맛을 고려할 때 시간이 남아도는 백수가 아니면 평일 낮에 올 사람이 없는 게 당연하다는 사실을 놓친 채 말이다. 물론 카페 캘리 역시 그저 '장사 영 안 되는 이색 테마 카페'는 아니었다. 더 나중에야 알았지만 그곳은 만년필 덕후들의 아지트 같은 공간이었다.

이 타이밍에 그곳에서의 특별한 경험담을 기대할 독자들에게 미리 사과하자면, 카페 캘리를 발견한 그날로부터 약 6개월 뒤, 우연한 기회에 지금 살고 있는 수원으로 옮겨오게 되었다. 그리고 그 6개월 동안 카페 캘리에서 이렇다 할 사건은 일어나지 않았다. 심지어는 단 한 번도 그 곳에서 낯선 누군가와 대화를 시도해 본 적조차 없다. 그런 내가 왜 그곳을 추억하는지 스스로도 답을 찾기 쉽지 않다. 하지만 시간이 흘러 수원에서의 어느 밤, 충동적으로 만년필을 구매한 건 분명 그 장소와 시간이 떠올랐던 까닭일 것이다.

당신의 필기구는 무엇입니까

 가방 속에는 항상 필통을 넣고 다닌다. 메인 필통은 네팔에서 사 온 형형색색의 필통. 부피가 커 작은 가방에 넣고 다니기 어려울 때면 문우당 서림에서 산 연필 하나 들어갈 만한 원통형 필통을 가지고 다닌다. 그래서 오늘은 필통 속 이야기, 필기구 이야기를 해보려 한다.

 1. 연필
 10살 때 한자를 가르치는 서예 학원을 다니기 시작했다. 학교가 끝나면 집에 책가방을 벗어던지고 맨몸으로 학원에 갔다. 테이블 위에 붓 통에서 연필을 꺼내 칠판에 적힌 한자들을 따라 적었다. 하루에 서너 시간씩 그곳에 머물곤 했다. 내게는 그 공간이 태권도장이고 영어학원이었다. 어린 시절 많은 시간 동안 연필을 쥐고 있어서일까, 나는 중고등학생이 되어서도 연필로 글자를 적어 내렸다.

학창 시절 친구들은 대부분 샤프를 사용했다. 문방구에서 파는 천 원짜리 샤프에서부터 고급 일제 샤프를, 거기에 두께별로 나뉜 얇고 기다란 샤프심까지. 나도 그들을 따라 샤프를 쓴 적이 있지만 워낙 글자를 꾹꾹 눌러쓰는 편이다 보니 샤프심이 자주 부러졌다.

물질에 관한 관성은 성인이 되어서도 이어졌다. 나는 여전히 연필을 사용한다. 세월의 자국은 오른쪽 약지 끝에 남아 있다. 연필을 쥐어 움푹 팬 살점은 이제 두툼한 언덕이 되어 있었다. 다른 의미에서 연필을 쥐고 있는 지금, 내가 자주 사용하는 연필은 블랙윙이다. 최근에는 스테들러도 종종 사용한다.

2. 커터 칼

연필의 짝은 지우개라 생각하겠지만 내 연필의 짝은 커터 칼이다. 사랑을 쓰다가 틀리면 지우개로 깨끗이 지우라는 말은 내게 예외다. 나는 펜이든 연필이든 쓰다가 틀리면 두 줄로 쓱쓱 그어버리고 만다.

그렇게 연필심을 남용하고 나면 금방 그 끝이 뭉뚝해진다. 뭉뚝한 연필로 글을 쓰면 무딘 문장이 나오지 않을까 겁이 난다. 그래서 자주 연필을 깎는다. 커터 칼로 깎는다. 연필

깎이도 휴대용 연필 깎이도 있는데, 굳이 칼로 연필을 깎는 이유가 있냐고 묻는다면 두 가지 변명을 댈 수 있겠다.

하나는 손맛이요, 다른 하나는 길게 늘어진 흑연이다. 왼손에 연필을 쥐고 오른손에 칼을 뉘어서 밀어내듯 연필을 깎으면 그 소리도 그 손맛도 좋다. 연필 깎이에 연필을 넣어서 돌리면 연필심 끝이 짧고 뾰족하다. 끝이 너무 뾰족하면 되려 조심스럽다. 조금만 힘을 주어도 그 끝이 깨진다. 직접 손으로 깎으면서 날카로움의 정도를 조절하는 편이 훨씬 낫다.

3. 만년필

영어 이름이 새겨진 만년필이 있다. 필기구 이야기에 만년필을 적어내려면 만년필 애호가 정도는 되어야겠지만, 아쉽게도 내가 평생 써본 만년필은 이거 하나뿐이다. 지금도 똑같은 만년필을 쓰고 있다. 대학 졸업 선물로 받은 파커 만년필로, 잉크 카트리지만 갈아주면 매번 새것처럼 사용할 수 있다. 4년째 사용 중이다.

만년필은 솔직하다. 약하게 누르면 펜촉이 조금 벌어져 색이 연하고 얇다. 강하게 누르면 펜촉이 넓게 벌어져 색이 짙고 굵다. 앞서도 말했듯이 나는 글자를 한 자 한 자 눌러쓰는 편이다. 아무리 크게 소리쳐도 마음을 전달하기 어려운 것처럼, 아무리 만년필을 힘주어 눌러도 단어에 힘이 실리지 않는다. 그래도 꾹꾹 눌러쓴 만큼 담아내는 녀석이라 좋다. 소리친 만큼 가닿는다. 솔직해서 좋다.

나는 누구처럼 문구인이 아니다. 펜촉으로 사람을 감동시키는 사람도 아니거니와 비싼 만년필을 사 모을 수 있는 재력가도 아니다. 나는 그저 내게 맞는 필기구를 이용해서 나만의 생각들을 기록하는 사람이다. 그 과정에 쓰이는 도구가 어릴 적부터 익숙하게 사용해온 연필이라는 사실이, 소중한 친구에게서 선물 받은 만년필이라는 사실이 만족스러울 뿐이다.

4. 필사 노트

연필의 짝은 커터 칼, 만년필의 짝은 필사 노트다. 내 취미 중 하나는 필사다. 여러 취미 중 정적인 취미를 담당하고 있다. 내게 필사는 독서의 연장선이라고 말할 수 있겠다. 이런 책이 있구나 인지하는 과정부터 책을 구매하고, 독서하고, 리뷰를 적어내는 과정이 하나의 독서 과정이자 하나의 루틴이다. 이러한 일련의 과정은 모든 책이 거친다.

하지만 마지막 필사 단계는 다르다. 필사 노트에 적히는 문장들은 가슴을 찌른 문장만이 담길 수 있다. 스스로의 철칙이다. 내 맘대로 안 되는 세상 속에서 내 뜻대로 하나의 노트를 만드는 일이 그렇게 유난스러워 보이진 않는다. 특별하게 여기는 필사 노트이므로 특별한 필기구를 써야 한다. 바로 만년필이다.

    만년필이 특별한 필기구인 이유는 위에서 말했다. 어떤 물건은 사용할수록 그 가치가 바래지지만, 어떤 물건은 사용할수록 그 가치가 빛을 더한다. 더불어 사용할수록 그 물건을 생각하는 마음이 더욱 애틋해지기도 한다.

    이 글을 읽는 당신도 보기만 해도 가슴 따뜻해지는 물건이 있지 않을까. 그 물건이 혹시 필통 속에 하나 즈음 들어있지 않을까. 당신, 당신을 기록하는 필기구는 무엇입니까. 당신의 필기구는 무엇입니까.

연필을 깎자

 좋아하는 글을 잘 쓰고 싶어서 참고할 만한 책을 사러 서점에 가면 오히려 한참 작아져서 왔다. 하루가 멀다 하고 쏟아져 나오는 신간들, 그 속에서 살아남기 위해 글을 어떻게 써야 하는가에 대한 답을 낸 작가들의 책들은 생각보다 많았다. 참고할 만한 책을 사러 갔다가 질려버리기도 했고 자신감은 더 떨어져서 왔다. 어느 순간부터 난 일부러 그런 책은 피했다. 형식에 얽매이지 않고 눈치 보지도 않으면서 내 이야기를 하고 싶어서 글을 쓰기 시작했는데, 숙제하듯이 시험 치듯이 글을 쓰게 된다면 나는 정말 어디 가서 말할 곳을 잃어버릴지도 모른다는 생각이 들어서였다.

 행위의 목적에는 실존적 의미가 부여되어야 한다. "내가 하고 있는 일로 행복해질 수 있는가? 누군가와 또는 누구라도 함께 할 수 있는가?"라고 자문해보면 자신은 없었다. 하지만 그저 쓰면 되는 것 아닌가? 쓰고 있다는 게 중요한 게 아닐까? 글에 대한 책임감을 가져야 할 만큼 대단한 영향력을 미치는 사람도 아니고, 무책임하게 잘못된 정보를 남발하는 것도 아니고 그저 좋아서 쓰는 글이었지만 심경은 복잡했다.

매일 짧게라도 글을 썼다. 그 글은 인스타그램 피드에 게시했다. 쓰다 보니 알게 된 것은 그저 비판만 하거나, 그저 칭찬만 하거나, 아무 관심이 없거나 보고도 못 본 척, 안 보고도 본 척하는 사람들이 많다는 것인데, 하루에도 수백 개 이상 글이 올라오고 있는 곳에서 일어날 수 있는 당연한 현상이었다. 다양성을 인정하며, 내 낙서 같은 글에도 반응을 해주고 그나마 몇몇 사람들이 달아주는 댓글에 용기를 냈다. 습관처럼 써 내려간 글이 제법 많이 모이다 보니, 책을 만들고 싶은 욕심도 생겼다. 출판을 진행하면서 쓸데없는 짓을 하고 있을지도 모른다는 생각도 드는 반면 점점 꽤 쓸 만한 사람이 되고 있는 것 같아서 뿌듯했다. 평소에 남들 안 하는 고민까지 싸잡아서 하는 걱정 많은 내가, 출판을 준비할 때에는 오히려 신이 났고, 결과가 어떻게 되건 크게 신경 쓰지 않았다. 책을 낸다는 것이 아주 어려운 일만은 아닌 좋은 시절에 태어나 드디어

책도 냈다. 내 글의 대부분은 일상에서 누구라도 경험해 봤을 이야기들을 생활언어로 풀어내는 글이었다. 쉽게 말해 "남일, 즉 남의 일기"같은 글이다. 남의 일기 같은 글은 처음 읽어보면 꽤 재미가 있지만 조금씩 지루해지는 단점이 있다.

책을 낸 후에 기쁘고 행복하기도 했지만 뭔가 씁쓸했다. 기쁘고 고통스러운 양가감정 중 고통의 범위가 더 넓어지고 있는 것 같았다. 내 책을 계속 읽어봤다. 왠지 영혼의 저 밑바닥에서 쓴 물이 올라오는 것처럼 고통스러운 감정이 올라왔다. 나는 뭘 말하고자 하는 사람인 건가 싶었다. 내가 하는 말이 말인가 싶어서 실망스럽기도 했고, 독자에게 부끄럽고 죄송하다는 생각도 들었다. 그저 개인적인 버킷리스트 하나 성공했다고 여기고 또 다른 도전을 위해 살아가면 그뿐인데, 나는 즐겁지가 않았고, 기쁘지가 않았다. 작가라는 칭호도 어색하기만 했다. 대체 이런 감정이 왜 생기는 건지 누가 답을 알려주면 좋으련만, 누가 말해줄 수 있겠는가? 답은 내 안에 있다고들 하니, 굳이 긁어모아 낸 결론은 이렇다.

"내가 이렇게 고통을 느끼는 건, 나는 계속 쓰려고 하기 때문이다."

아무리 유명한 작가라도 자신의 글에 대해 늘 고민한다고 한다. 왜 쓰는 걸까? 무엇을 위해 쓰고 있나? 잘 쓰고 있는 건가? 어떻게 표현해야 할까? 쓰지 않는다면 무엇을 할까? 등 오롯이 자신의 글 쓰는 이유를 찾아나간다고 했다. 자신의 글이 어떻게 보일 것인지, 책이 얼마나 판매가 될지 따위 걱정하는 작가들은 본 적이 없다. 마치 숙명처럼 쓰고 또 쓴다. 말릴 수가 없다.

오늘도 책상 앞에 앉았다. 모니터를 켰다. 한참을 노려봤다. 소용없는 일이었다. 키보드 위에 손이 안 갔다. 머릿속에 단어가 메마르고 있는 느낌이 들었다. 조금 난감해졌다. 글을 쓰는 일에는 공휴일도, 휴가도 없다. 생각나면 쓰고 아니면 멈추는 것이다. 컴퓨터를 껐다. 불도 껐다. 양키 캔들에 불을 붙였다. 분위기를 잡은 김에 가방에서 수첩을 꺼내들었다. 필통을 열어보니 볼펜과 연필도 들어있다. 내 선택은 연필이었다. 지면에서 연필의 흑심이 미끄러지며 사그락사그락 소리를 냈다. 글은 안 쓰고 낙서만 했다. 낙서도 하고 촛불도 보고, 방안도 둘러보고 천장도 보고. 그러다가 다시 촛불 보며 멍 때리기를 했다. 양키 캔들은 미국의 가난했던 한 소년이 어머니에게 줄 선물을 직접 만든 것에서 유래되었다. 이 향초는 이제 전 세계인의 마음을 사로잡는 브랜드 상품이 되었다. 초에 색을 입히고 양질의 재료를 사용해 의미를 담고 추억을 쌓으니 소중하고 가치 있는 물건이 되었다. 이처럼 사람들의 마음에 불을 밝히고 행복한 순간을 만들어 주는 물건은 우연하고도 아주 작은 것부터 시작된다. 나는 그런 물건을 만들어낼 재주는 없지만, 누구라도 아는 단어를 써서 그 글자에 마음을 담아내어 삶에 울림이 있는 문장으로 완성시키고 싶다. 내 숨결에 따라 양초의 불이 오른쪽, 왼쪽으로 방향을 틀며 움직여지고 크기가 커졌다 작아졌다 한다. 심지에 매달린 불꽃은 빛을 잃지 않고 계속 타오른다. 이처럼 내 글도 어느 방향을 타든 중심을 잃지 않고 빛을 내는 그런 글이었으면 한다. 상대에게 오해를 사거나, 상처를 주거나, 웃음거리가 되는 것이 아니라 단조로운 삶 속에서도 꺼지지 않는 불꽃같은 글을 쓰고 싶다.

아침 해는 찬란하다. 오후 햇살은 눈부시다. 바람은 시원하다. 구름은 하얗다. 밤은 어둡다. 바다는 깊다. 하늘은 높다. 들판은 푸르다. 꽃은 아름답다. 강아지는 귀엽다. 고양이는 새침하다. 아이가 웃는다. 엄마는 행복하다. 아빠는 다정하다. 밤은 어둡다. 별은 빛난다. 달은 차갑다. 할 말은 더 있다. 아무 말도 할 수 없다. 잠이 온다. 잠이 깬다. 글을 쓴다. 쓴 글을 지운다. 그리고, 또, 그래서, 그러나, 하지만, 그럼에도, 언제라도, 어디라도….

    누구라도 쓸 수 있는 이런 글도 누가 쓰느냐에 따라 시가 된다. 누군가에 의해서는 점 하나도 예술이 되고, 누군가에 의해서는 고요함도 음악이 된다. 점 하나, 소리 하나, 글자 하나가 예술로 인정받기까지 어느 누군가는 얼마나 많은 노력을 했는지 이해해야 한다. 어렵게 생각하지 말기로 한다. 그저, 기본부터, 충실히, 하면 된다. 소원이 있다면 나태주 시인님 같은 글을 써보고 싶다. 어려운 단어 하나 없어도 시에서 사랑이 느껴지고 그리움이 번져오고, 위로를 받는 것 같은 나태주 시인님처럼 글을 쓰고 싶다.

    다시, 연필부터 깎자.

몸

 '필기구'하면 떠오르는 것을 나열해 보자. 종이, 연필, 볼펜, 붓, 물감. 요즘 같은 시대는 필기를 전자기기로도 하니까, 그러면 키보드, 모니터, 태블릿 PC도 필기구의 범주에 속할 수 있는 것일까? 그렇다면 '필기'의 정의에 따라 '필기구' 역시 달라질 수 있겠다.

 가장 좋아하는 필기구는 모나미의 플러스펜 S와 저가의 만년필이다. 어느 정도 서걱거림이 느껴지는, 통제감이 있는 필기구를 좋아한다. 부드러운 필기구가 종이 위로 미끄러지는 느낌은 내게 불안감을 조성한다. 발목이 잘릴 때까지 춤을 추게 하는 안데르센 동화 속 빨간 구두를 신은 것처럼 섬찟한 느낌. 손목을 잘라야만 멈출 수 있는 글쓰기라면 환영할 법도 한데, 그게 자유와 방만 중 어느 것이 될지는 결과론적인 부분이다. 이 두려움은 내가 차라리 약간의 통제를 택하겠다는, 지극히 평범하게 억압된 창작자라는 사실에서 기인하는지도 모른다.

트위터에서 친구들과 새해에는 어떤 다이어리를 살 건지 얘기하다가 이런 말을 한 적이 있다.

"일기는 내 몸 안에 있지."

똥폼 잡으려고 한 말은 아니고, 내가 일기를 못 써서 한 말이다. 내 일기가 못써먹겠을 만큼 형편없거나 옳지 않다는 의미는 아니고, 나라는 인간이 일기를 쓰지 못한다는 의미다. 능력의 문제가 아니라 불가능의 일이라는 얘기인데, 일단 아카이빙에 별 재능이 없고 일상적 기억력이 그다지 탁월하지 않아서 정연하게 복기하지 못한다. 내 기억의 능력치는 조.온.습(모 배우의 조명, 온도, 습도 밈)에 치우친 편이라 일기라고 쓴 결과물이 별로 일기 같지 않다. 물론 일기가 꼭 이래야만 한다는 관습적 일기에 관해서라면 백분토론도 가능할 만큼 그것의 무한한 가능성을 긍정하지만, 내가 쓴 일기를 내가 읽는 기분은 또 그런 토론과 별개의 영역이라서 말이다.

정리하자면, 나는 내가 쓴 일기가 일기로서의 기능이 상당히 미흡하다고 여겨 일기를 잘 쓰지 않는 사람이기 때문에 내가 익숙하게 다룰 수 있는 언어로 일기를 쓸 바엔 그냥 다 휘발시켜 버리고 그때의 감각만을 몸에 남기자는 것이다. 풀어쓰고 보니 똥폼 맞는 것 같긴 한데, 어쨌든 그렇다. 그래서 내가 가장 자주 쓰는 필기구는 어쩌면 모나미의 플러스펜 S도 만년필도 아닌 '몸'이라고 할 수 있겠다.

    몸은 어쩌면 가장 강력하고 솔직한 필기구일지도 모른다. 자신의 몸에게 거짓말을 하는 건 좀 어려우니까. 스스로 지금, 여기, 이 순간에 느낀 것을 한사코 부정해 볼 수는 있겠지만 그것의 완전한 성공은 다른 사람으로 다시 태어나는 것 외엔 방법이 없다. 게다가, 한 존재의 고유성이라든지 개별성, 이런 거에 끈질기게 집착하는 나 같은 사람에게 필기구로서의 몸은 지독하게 매력적이다. 하나의 사건이나 현상을 두고 사람마다 느끼는 것이 결코 완벽하게 겹칠 수 없다는 점은 세상을 얼마나 다채롭게 하는가. 필기구로서의 당신의 몸과 나의 몸이 완전하게 다른 두 도구라는 사실이 창작자로서의 나를 얼마나 흥분시키는지는 아무리 설명해도 충분하지 않을 것이다. 지금 이 지면 자체가 증거다. 주어진 단 몇 개의 주제에서 수십 편의 다른 글이 탄생하고 있기에.

태클이 들어올 때다. 필기구로서의 몸이 가진 한계점. 기억의 오차와 왜곡이나 시간이 지날수록 멀어지는 진위 여부는 어쩔 셈이냐고. 그런데 나는 이렇게 덥석 말하고 싶다.

"그런 게… 더 재밌지 않나요?"

뿌리의 끝을 따라가는 게 창작에서만큼은 가장 중요한 일이 아니라고 믿는다. 얽힌 것을 얽힌 대로 둔 채 더, 더 뻗어 나가는 것. 어쩌면 상상이라고 부르는 게 더 정확할지도 모르는 뒤틀린 기억으로부터 나의 쓰기가 방만이 아닌 자유를 얻을 것이라는 믿음으로 나는 오늘도 필기구로서의 몸을 긍정하며 쓴다.

식탁

어릴 때부터 저는 고기반찬을 참 좋아했습니다. 덕분에 이렇게 큼직하게 살을 더했는지 모르죠. 식탁은 누군가의 책장처럼 많은 이야기를 담고 있는 공간입니다. 아침에는 시리얼만 올려졌다가, 점심에는 비워졌다가, 저녁에는 냄비 받침과 함께 다수의 숟가락이 올려질 수 있죠. 숟가락으로 밥을 먼저 드시나요. 아니면 국물을 한술 뜨나요. 식탁에는 사소하지만, 당신의 많은 이야기가 담겨 있겠죠. 같이 잔을 들기 시작했으니, 어서 건배를 위한 이야기를 부탁해요.

네 잘못이 아니야.
(It's not your fault.)

　우리 집에서 가장 비싼 가구는 월넛 식탁이었다. 나는 그 식탁이 너무 마음에 들었다. 새로 식탁이 들어오던 날에는 올라갈 요리와 정갈한 식기를 상상하는 것만으로도 절로 미소가 지어졌던 기억이 난다. 큰 덩치가 투박해 보일 수도 있지만 따뜻한 월넛 색상을 가졌으며 모서리가 둥근, 마치 와인 잔이 상판을 받치고 있는 듯 유려한 곡선으로 이루어진 식탁이다. 한 바퀴 회전이 가능하고 푹신한 방석과 함께 아빠 다리를 하고 앉아도 넉넉한 의자까지. 완벽한 우리의 식탁이었다. 넓은 거실과 부엌에서 단연코 눈에 띄는 위풍당당함까지 가졌던 우리의 식탁은 실은 그저 미관을 위한 길가의 나무 정도의 존재감만 갖고 있었다. 아침잠이 많다는 이유로, 회식이 잦다는 이유로, 밥을 먹으며 보고 싶은 TV 채널이 취향이 아니라는 이유로 그렇게 식사를 점점 멀리한 식구들에게 외면 당하는 시간이 늘어났다.

다 같이 월넛 식탁에 둘러 앉아 식사를 하는 때가 아주 가끔 온다. 그런 시간은 지속성을 가진 '있다'의 형태가 아닌 불현듯 나타나 다가'오는' 시간이기 때문에 온다는 표현이 내겐 더 맞다. 젓가락과 식기가 부딪히는 소리만 들리는 우리 집의 식사시간. 부모님과 형제간의 큰 불화나 갈등이 있는 건 아니다. 그저 의식주를 함께 해결하는 사람들과의 조금은 데면데면한 자리인 것이다. 대화와 웃음소리의 빈도가 화목의 척도라고 생각하지는 않는다. 우리가 살갑지는 않아도 서로의 마음에는 늘 우선순위에 자리하고 있는 사람들이기 때문이다.

    점점 나이가 들면서 내게 말을 건네는 횟수가 많아진 부모님과 여전히 침묵의 식사가 편한 나의 사이에 균열이 생기기 시작했다. 식탁의 모서리가 조금씩 헤지고 의자의 삐걱거리는 소리가 전보다 요란해지는 것처럼, 식탁에도 마음에도 아름답지 않은 부분들이 자리했다. 나에게 생긴 작은 균열의 씨앗이 불편함이라는 양분을 먹고 자라 내 사람들에게 드리울 그늘이 두려웠다. 부디 싹을 틔우지 않기를, 또한 무성한 숲이 되지 않기를 바라며 그저 방치해 두었다. 그렇게 나는 식구들을 멀리하는 대신에 식탁을 멀리했다.

그렇게 외면한 시간들을 지나 우리는 새로운 곳으로 이사를 했다. 그곳을 떠나며 식탁도 함께 처분했다. 대화를 나누지는 않았지만, 우리는 비싼 값을 지불한 만큼 기대했던 가정의 화목이나 행복이라는 명목을 충분히 누리지 못했다고 저마다 생각했다. 식탁의 존재가치가 더 이상 중요하지 않아진 것이다. 그러나 내가 돌보지 않은 사이에 자라난 작은 그늘이 누군가에게는 한기를 느끼기에 충분히 드리워져 있었다는 것을 뒤늦게 깨달았다. 월넛 식탁을 떠나보내며 미안한 마음이 든 것은 식탁이었을까 식구들이었을까.

이후 부재는 존재를 증명하듯 식탁의 부재로 인해 겪는 크고 작은 일련의 사건들이 있었고, 그제야 월넛 식탁은 식구들에게 존재감을 입증했다. 식사를 함께할 수 없을 때가 와서야 식구들이 입을 열게 된 것이다. 덕분에 내가 만든 그늘을 읽을 수 있는 틈이 생겼고, 나는 거침없이 그 속으로 들어가 어둠을 걷어 내는 일을 했다. 여전히 하고 있다.

지금은 군더더기 없이 깔끔한 하얀색의 4인용 식탁이 자리하고 있다. 일체형 의자는 등 뒤의 TV 시청을 포기하게 했고 여전히 아침잠이 우선이고 각자의 저녁 시간이 우선인 동거인들도 드물게 식탁을 사용하지만, 예전만큼 불편하지 않다. 나는 이제 겨우 부모님의 물음표를 피하거나 두려워하지 않을 만큼 조금은 어른이 되었는지도.

어쩌면 제 역할을 다 하지 못한 것은 식탁이 아니라 우리였을지 모른다.

식탁의 쓸모

"밥 묵자."

이제는 사라진 추억의 개그콘서트의 한 코너였던 <대화가 필요해>에서 무뚝뚝한 아버지가 그렇게 말 한마디 툭 던지면 나머지 가족들이 하나둘씩 수저를 든다. 식탁에서 나누는 이야기들 중에는 아내의 잔소리가 있고, 아들의 투정이 있고, 아버지의 타박이 있기도 하지만 살아가는 이야기 모두가 그 자리에서 이뤄진다. 기승전결 따위 필요 없이 밥상이나 식탁에 모이는 순간부터 결론 없는 이야기가 시작되기도 하고, 시작도 하지 못한 이야기에 협상도 타협도 없이 결론부터 내려지기도 한다. 네모반듯한 탁자에 둘러앉아 사랑과 전쟁을 다 찍다가 실없는 개그에 한바탕 웃어넘기다 보면 어느새 코너가 끝나있다.

식탁에 대한 이야기로 글을 쓰려니 조금 망설여졌다. 아무래도 어둡게 시작할 수밖에 없어서이다. 그래도 내게 일어났던 일이고, 시작은 비탈길이었지만 지금은 평평한 곳에서 밥을 차려먹고 있으니 괜찮다.

　식탁이 대체로 식사를 위해 사용되는 가구라 치면, 내게 있어 식사하는 가구는 밥상에서부터 시작됐다. '밥 먹자'라는 말이 썩 달갑지 않았던 어린 시절의 밥상은, 4인용 네모 반듯한 밥상보다 3인용 둥근 밥상이 편했던 걸로 기억한다. 4인용 밥상의 추억은 밥그릇과 밥풀, 반찬, 수저들이 제자리를 찾지 못하고 어딘가에 따로 뒹굴고 있거나, 밥상 다리가 천장을 향해 있던 경우가 더 많아서였다. 이쯤 하면 내 어린 시절이 그리 순탄치 않았음을 짐작했겠지만 다행히도 4인용에서 3인용 밥상으로 바뀐 뒤부터는 보리차 물에 밥을 말아 먹어도 꿀맛이 났다. 그리고 모든 가족이 다 단란한 척하며 함께 살 필요가 없음을 일찍 깨달았다.

　밥상에서 식탁으로 격상된 생활로 바뀌고 식탁에서 밥을 먹게 돼서 좋았던 것도 잠시, 식탁이 제 용도를 찾아가기에는 우린 너무나도 바쁘게 살았다. 새벽에 일찍 일어나 밥솥에서 밥이 되어가는 동안 엄마는 싱크대 위에 어제 남은 밥을 데워

밑반찬 하나를 꺼내 놓고 식탁에 채 앉지도 못하고 서서 드시며, 우리 남매의 아침식사를 차려놓고 도시락을 싸놓고 출근을 하셨다. 엄마의 얼굴도 보지 못한 채, 우리도 앉는 둥 마는 둥 속도를 내서 밥을 먹고 등교를 했고, 학교에서 돌아오면 식탁보다는 쟁반에 대충 좋아하는 반찬 한두 개와 밥이나 라면을 올려놓고 TV 앞에 앉아서 먹고는 했다. 점차 식탁은 늦은 퇴근길에 지친 엄마가 엎드려 쉬는 이부자리가 되었고, 낡은 책상 대신 쓰는 공부방이 되었고, 짐을 올려놓는 보관소가 되었고 놀러 온 친구들과 숨바꼭질하면 숨어있기 좋은 놀이터가 되었다. 그러다가도 어쩌다 친척들이 온다 하면 장학사 맞이하듯 대청소를 하며 간헐적으로 제 용도를 찾기도 했다.

세월이 흘러 이제는 내가 손수 고른 원목 식탁에 앉아 식사를 한다. 신혼 초에는 시트지 붙인 2인용 식탁이나 둥근 밥상을 주로 사용하다가 수년 만에 4인용 원목 식탁을 샀다. 집에 있는 가구 중 두 번째로 비싼 가구임에도, 맞벌이를 하는 집에서의 식탁은 대체로 외롭다. 식탁의 반은 책이나 그릇이나 먹다 남은 과자 봉지나 플라스틱 컵 등의 물건이 잔뜩 올려져 있고 가족들이 귀가하는 순서대로 식탁의 한 귀퉁이에 밥을 차려놓고 먹었다. 친척들이 오갈 일도 이제는 드물어서 대청소를 하지 않아 식탁과 식탁 의자는 제 기능을 발휘할 기회가 더더욱 없었다. 뭐랄까, 밥상 뒤엎는 사람만 없다 뿐이지 식탁의 용도는 어린 시절과 별반 차이가 없다는 생각에 항상 어딘가 찜찜한 기분이 들었다. 어쩌다가 기분전환 상 꽃병도 놔보고 북유럽풍의 리넨 식탁보에 러너까지 깔아놓고 분위기를 내보기는 했지만 역시나 식탁을 제 기능에 맞게 온전히 사용하기에는 가족들이 여전히 바빠 분위기를 즐길 시간이 없는 것 같았다.

최근에 무슨 바람이 불었는지 가을맞이 대청소를 하게 됐다. 실은 심란한 일이 있거나 중요한 시험을 앞두거나 발표를 앞두면 책상 정리나 옷 정리를 하고 싶은 마음이 드는데, 이번에도 어려운 과제가 주어져 복잡한 마음을 정리하려다 보니 식탁에 꽂혔다. 주방에 있던 식탁의 위치를 바꿔 거실 창가 쪽에 두었다. 나름대로는 스카이라운지에서 밥을 먹는 기분도 나고 카페 같은 분위기도 나는 듯해서 꽤 만족스러웠다. 다만 기분전환 상 장식했던 식탁보나 러너도 빨랫감 더 늘이기 싫어 진즉 치워버리고 꽃병 대신 파키라 화분과 가족사진이 담긴 액자를 놓았다. 뭘 어떻게 해도 식탁을 사용하는 사람들의 여유에 따라 식탁은 제 쓸모를 온전히 다할 텐데 우리집 식탁은 밥그릇보다는 책이나 노트북이나 시장바구니를 올려놓는데 더 최적화되어 있는 것 같다고 생각했다. 그러나 창가 쪽으로 자리를 옮기니 동선 때문인지 쉽게 물건을 아무렇게나 놔두지는 못해서 이전보다 훨씬 깨끗해졌다. 바깥 풍경도 보고 깔끔해진 자리 덕분에 자주는 아니더라도 주말에는 가족들이 식탁에 앉아서 식사를 하게 되는 경우가 종종 생기게 됐다. 사람이든 물건이든 맞는 위치에 놓이면 온전히 기능을 하게 되는 건가 싶기도 했다.

"밥 먹어."

식탁을 창가로 옮겨 식사를 차리는데 조금은 번거롭긴 해도 가족이 둘러앉을 공간의 여유와, 밥을 먹고 차를 마시게 되는 시간까지 내주는 식탁의 쓸모를 이제야 찾게 된 것 같아 뿌듯하다. 이제 대화가 필요한 개그 콘서트의 가족처럼 아무 말이나 하게 되더라도 그 속에서 우리 이야기를 만들어 나가게 되는 아름다운 추억의 공간이 되길 바란다.

실패의 탑

 싫다는 말을 잘하지 않는 친구가 있었다. 나는 그 친구를 좋아했다. 의견 표시를 명확하게 하지 않는 성향은 내 취향이 아니었지만 그 애에겐 내 취향 따위를 상관없게 만드는 아우라가 있었다. 'No'라고 말하지 않아도 그 단단하게 온화한 얼굴에서 읽어낼 수 있는 무언가가 있었다. 내가 넘을 수 없는, 보이지 않는 그 애가 지닌 벽을 나는 좋아했다. 우리는 퀴어퍼레이드에 놀러 갔다 온 후 동네로 돌아와 헤어지기 전 무엇을 먹을지 고민하던 중이었다.

 "부대찌개?"
 "……."
 "그럼 감자탕?"
 "음……."

대학가 앞의 식당은 거기서 거기였다. 적당한 가격의 한식과 분식, 컵밥 가게들과 간혹 있는 세련된 인스타그램 무드의 사진 찍기 좋은 K-브런치 식당. 우리는 이미 안 가본 곳이 없었고 편의점 파라솔 아래에 앉아 컵라면을 먹으나 식당을 가나 기분에 있어서 크게 달라질 게 없었다. 그냥 각자의 집에 가 알아서 해결하자고 하면 될 것을 왜 그렇게 사서 귀찮아지고자 했을까? 모르겠다. 내가 그 애를 좋아했다.

"칼국수는 어때?"
"좋아!"

그 애 앞에는 뽀얀 국물의 기본 칼국수가, 내 앞에는 붉고 걸쭉한 국물의 팥칼국수가 놓였다. 메뉴를 고를 때 인지하지 못했던 사실 하나가 있었는데, 걔는 비건이었다. 아마 지금도 그럴 것이다. 우리는 이제 자주 만나지 않는다. 업데이트되는 SNS 프로필 사진으로 생사 여부를 아는 정도의 관계다. 나는 그 애를 정말 좋아했을까? 그 애는 왜 굳이 불편을 감수하고 나랑 밖에서 밥을 먹었을까? 칼국수에 쓰인 육수는 비건이 아니었을 텐데. 함께 올라온 겉절이 역시 마찬가지였을 텐데. 가끔씩 묻고 싶다. 그때 정말 괜찮았는지. 집에 가서 불편한 마음으로 일기나 시를 쓰지는 않았는지.

  이후 언젠가부터 나는 한동안 비건과 페스코 베지테리언*을 오가면서 동물권에 관한 내 윤리관을 지키고자 노력했다. 그 애 영향이 없지 않았다. 그러는 동안 사람을 잘 만나지 않았고 그게 편했다. 나는 이 식사에 관한 내 가치관을 가까운 사람에게조차 잘 발설하지 않았다. 나로 인해 타인이 겪게 되는 불편을 눈으로 확인하는 일이 두려웠다. 유별나고, 함께하기 번거롭고, 손 많이 가는 사람으로 여겨지는 건 내게 일어날 수 있는 끔찍한 일 중 하나다. 밖에서 사람을 만나면 별말 없이 고기를 먹었다. "고기를 먹자!"라고 한 건 아니지만 사실 아직도 이 사회는 일일이 소거하지 않으면 자연스럽게 육류를 먹게 되는 식문화라서 어쩔 수 없는 부분이 있다. 고기를 먹었다, 아무렇지 않게. 아니, 어쩌면 오히려 맛있게. 내 비겁함과 게으름을 무기로 나를 잘도 어겼다.

  여전히 운동을 마치고 돌아오면 전자레인지로 간단히 조리한 닭가슴살을 식탁에 올린다. 하지만 때로는 얼린 템페**를 해동하고 원목 도마에 올려 슬라이스한 후 올리브오일을 적당히 두른 팬에 노릇노릇하게 굽는다. 발효된 콩의 고소함과

---

* 페스코pesco는 스페인어로 생선, 낚시 등을 뜻함. 유제품, 달걀, 생선까지 섭취하는 준 채식주의자.
** 발효시킨 콩을 뭉친 것으로, 인도네시아의 전통 요리 중 하나.

달궈진 기름의 그윽한 향이 침샘을 자극한다. 과정과 결과 중 어떤 게 중요하냐는 물음은 내게 어불성설이다. 과정에 영향을 받지 않는 결과는 존재하지 않기에. 어느 게 더 맛있냐고? 템페 요리다. 어느 게 먹을 때 더 기분이 좋으냐고? 당연히, 템페 요리다.

수없이 많은 실패를 거듭한다. 샐러드에 올릴 토핑을 고를 때 소고기와 병아리콩 사이를 수백 번 오간다. 떡볶이 위에 치즈를 올릴 것인가 말 것인가의 사이에서도. 와인 안주로 올릴 육포와 통밀 크래커 사이에서도. 가끔은 평소 잘 먹지도 않는 우유를 냅다 시리얼 위에 부어버리고 싶은 충동을 느끼지만 부적을 쥔 것처럼 두유 팩을 쥔 손의 감각을 잊지 않으려고 하면 그래도 좀 더 나를 지키는 것 같은 기분이 든다. 폭력성이 잠재하고 있는 익숙함으로부터 나를 해방시키는 순간은 중요하다.

쌓여가는 실패를 못 본 척하는 것은 자기 기만일 테지. 하지만 그럴수록 매일 조금씩 높아지는 실패의 탑을 부수려고 하기보다는 그것이 높아질 자유를 줘야 하는 것 같다. 그것들이 미래의 내 선택에 반드시 영향을 미치도록. '나 어제보다 이만큼 자랐어. 너 어떻게 할 거야?' 그렇게 그 탑이 내게 반드시 묻도록.

수업 중 요즘 젊은 세대의 채식 문화와 관련된 영어 지문이 나왔다. 아이들에게 어떻게 생각하는지 물었다.

　"근데 고기가 맛있잖아요."
　"정말 그런가요?"

　정말 고기가 맛있나? 고기가 맛있다는 인식이 혹시 만들어진 것은 아닐까? 우리가 이미 이 세상에 태어났을 때부터 세상은 육류 섭취를 당연한 것으로 여기고 있었으니까. 그 과정에서 발생하는 동물 착취와 재앙적 미래를 예견하지 못하는 어리석음에 관해 우리가 어렸을 때부터 교육받았다면 과연 고기를 흔쾌히 맛있다고 여길 수 있었을까? 우리는 미각 너머의 감각에 관해 더 이야기할 수 있지 않을까? 답 없는 사이비 교주 같은 말이나 했는데 의외로 학생 중 일부는 수긍하는 눈치였다. '오늘은 이걸로 충분해.'라고 생각했다. 나는 곧 주요 구문의 문법을 설명하기 시작했다.

반지하 식탁

 식탁은 웃긴 곳에 설정되어 있었다. 현관문을 열자마자 바로 면과 면이 닿아버리는 식탁의 귀퉁이. 실수로 거칠게 문을 열어버리면 식탁에 쾅 하고 부딪혀버리는 충격 때문에, 언제나 현관문 유리는 덜컹덜컹 소리를 냈다. 식탁은 현관문과의 마찰 때문인지 여러 자국의 흠들이 새겨져 있었다. 엄마는 이 낡아빠진 식탁이 이태리 오리지널 수입산이고 비싼 거라고 했다. 엄마의 값비싼 경고에도 나는 개의치 않고 문을 쾅쾅 열며 식탁을 잔뜩 닳게 만들었다.

 식탁에 앉으면 우리는 벽을 보고 밥을 먹어야 했다. 식사를 마치고 의자를 뒤로 빼면 옆 사람이 자리에서 일어날 틈이 없었다. 우리는 모든 사람들이 밥을 다 먹을 때까지 하염없이 벽을 보고 앉아야 했다. 벽은 누런 물기가 말라붙어 있었다.

그 물자국 위를 따라가면 새까만 곰팡이가 층층이 쌓인 환풍기를 볼 수 있다. 환풍기가 작동한 지가 언제쯤이었는지 정확히 기억나진 않지만 어쨌건 간에 제 기능을 못 하고 멈춰버린 지 한 2년은 더 된 것 같았다. 환풍기 사이에는 노란색과 검은색이 범벅된 큰 거미 한 마리가 집을 만들어 서식하고 있었다. 환풍기 안쪽, 식탁 아래로 잡벌레들이 떨어지는 걸 미연에 방지해줘서 고마웠지만 조금은 찝찝한 기분을 지울 수는 없었다.

방수가 제대로 되지 않는 반지하 벽면을 야금야금 먹고서 벽지들이 울긋불긋 튀었는데, 식탁은 울퉁불퉁함을 중간에 커팅 하는 마지노선을 맡고 있었다. 어쩌다 벽면의 울퉁함 속에서 바퀴벌레인지 모를 존재가 이리저리 움직이는 감각을 목격할 때도 있었지만, 나는 움직일 수 없었다. 아직 모든 이들이 식사를 마치지 못했기 때문이다. 어떻게 보면 이 식탁은 시각적 면역력을 기르는 훈련 도구이지 않을까 싶기도 했다. 리니지에 나오는 던전에서 초보자 레벨의 용사가 렉에 걸려서 방향키가 먹지 않고 멈춰 서있는데, 수많은 몹들이 점점 옥죄어오며 주변을 휘감는 것을 목도해야 하는 그 순간처럼. 나는 그 용사가 되어 이 순간을 영원처럼 반복하는 것일지도 모른다고 생각했다. 렉이 풀리는 순간 이 식탁에 먹혀버릴 것처럼.

식탁 아래의 세상은 더 무궁무진한 모험들이 놓여 있었다. 환풍기에서 굴러떨어진 이름 모를 벌레들의 시체, 작년 장마철 물난리의 흔적으로 옴팡 두툼해진 장판 바닥재와 그걸 꽉 누르고 있는 식탁 다리와의 만남, 식탁에서 떨어진 귤껍질과 푸른 곰팡이의 컬레버레이션. 치아로 뜯어낸 흔적이 다분한 손톱들, 사람 사는 흔적을 남기고자 서로를 부둥켜 안아버린 헤어볼. 이 모든 불결함을 인내하고 견뎌내야만, 평안한 식사를 감당할 수 있었다.

실은 식탁에 무슨 낭만이 있겠는가. 먹고 일어나면 그만일 곳. 따뜻하고 정겨운 것은 환상이 자아낸 함정일 뿐. 벽을 바라보고 밥을 먹는 행위가 전부일 뿐인 이 장소가 좀 덜 불쾌하고 덜 위생적이라 할지라도 식탁의 고유한 자리를 감히 어린 아이일 뿐인 내가 옮길 수는 없었다. 그것은 가족에 대한 도발이자 안정을 파괴하는 행위일 테니.

반지하 방의 식탁을 옮기려면 그냥 아예 식사를 하지 않으면 되었다. 굶고, 식탁에 앉지 않으면 그만이었다. 나는 끼니 때에 냉장고의 문을 열어 반찬을 꺼내는 대신 책상에 앉았다. 굶는 날이 길어지면 어느 순간 허기가 느껴지지 않는다. 조금의 현기증이 느껴지면 시골에서 보내준 미숫가루와 함께 학교에서 가져온 급식용 우유를 말아서 먹으면 된다. 엄마는 두 달 전에 무쳐놓은 진미채와 마른 김, 바닥이 보이는 김장 김치통을 냉장고에 넣어 놓았다. 퇴근해서 그대로 남아있는 반찬의 양을 보고 왜 멀쩡한 음식을 썩혀 버리냐며 화를 냈다. 저녁에는 냉장고를 점검하는 시간이 되었지만, 나는 밥을 먹기 싫다는 말도 꺼내지 못하고 뺨을 맞았다. 내가 너무 굶어서, 비쩍 곯은 모습으로 세상에 나가면 마치 학대 아동처럼 보일 거라고 뺨을 때렸다. 엄마는 하나는 알고 둘은 몰랐다. 내게 있어 식탁은 밥을 먹기 위한 장소가 아니라는 것을. 내 영혼을 풍족히 채울 만한 식사는 차라리 허기라는 것을!

  겨울이 되고 급식용 우유가 꽝꽝 얼어버려, 미숫가루를 넣고 저을 수 없었다. 어쩔 수 없이 다시 식탁에 앉았다. 그간 식탁 위 환풍기 속에는 노랗고 검은 줄무늬의 거미가 사라져 있고 까맣고 배가 볼록한 거미 놈이 입주해 있었다. 차가운 장판을 맨발로 더듬으니 전의 놈보다 더 많은 벌레들의 시체들이 밟히는 것만 같았다. 나는 숟가락을 들었고, 밥알 세 개를 헤아려 입에 쑤셔 넣었다. 옆에서 군소리 없이 밥만 잘도

처먹는 동생 놈이 미워졌다. 식탁 귀퉁이는 퉁퉁 부은 듯 현관문과 더 가까이 닿아 있었고, 내 수저가 밥그릇에 부딪히는 소리는 점점 멀어지고 있었다.

Marseille

남프랑스 구석의 아침에는 내가 자주 머물대던 바스락한 빵 두 조각의 기억이 있다. 바게트 위에는 프랑스 살구잼 조합이 제격이라며 눈빛만으로도 만족함을 드러내기 바쁜 접시 위 기지개. 큰 도시이며 항구도시인 마르세유의 맑은 향은 잔잔한 인사 나누기를 좋아하는 내겐 그 자체로 걱정 없이 소화시킨 조식과 같다.

파리와 서울의 공통점은 사람에게 오는 염증으로 식욕을 자주 잃거나, 포만감을 느끼지 못하는 부분이었다. 내가 걷고 있는 거리가 마치 영상 속을 헤매는 기분도 들었다. 도시가 싫은 것이 아니라 사람답지 못한 걸음걸이를 하고 있는 내가 초라해 보여서였다.

도시의 삭막함은 삭막함으로 끝나지 않고 소통 지옥으로

여겨져 상처가 솔직함이라는 무기도 포기함을 잊고 그저 살아간다. 각자의 삶을 터치하는 순간 뒤섞이는 감정 때문에, 곧이곧대로 믿는 둥 마는 둥. 최선을 다하지 않을 이유가 없음에도 깊어지는 대화를 피해 사는 둥 마는 둥.

그러거나 말거나라는 식의 안부가 마음에 독으로 작용하고 있지는 않은지 묻고 싶다. 따듯한 단어만 힘주어 발음할 준비를 하기에도 벅차다고, 사실은 나도 웃을 줄 아는 사람이었다는 해명을 하고 마음에 난 염증은 그대로 두지 말아 달라 내가 나에게 한 번 부탁을 해야 할 때가 올 것이다.

염증을 가라앉히고 싶은 날엔 마르세유의 향기를 머금는 상상을 한다. 느긋하게 조화로운 아침식사로 그런 포근함으로 잠시 잊고 싶은 통증이 상당했으리라.

가다듬어진 가지런함으로 오른손만 쓰던 습관도 왼손으로 해봐야지 하는 생각이 들게 했다. 도시 겉면에 웅크린 꿈들도 겉보기엔 투박한 모양과 질감을 가지고 있다. 맑은 기억 한 가지를 음미해 보는 것만으로도, 촉촉하지 않을 삶도 점차 유연해질 마음 표면을 드러나게 하지 않을까 한다.

입안에만 어울거리는 말들이 있지 않은가. 좋아하는 장면들을 선물하는 습관을 가져본 적 있는가. 내가 묻고 싶은 것은 루틴에 대한 질책하는 말이 아니라, 내가 나에게 짊어주고 있는 짐의 무게가 얼마인가가 궁금한 것이다.

그때와 같지 않더라도 좋은 순간을 오래 닮아가고 싶었다. 사람을 위한, 사람에게 물드는 순간들 보다 뜻하지 않은 특별한 시간 속에서의 경험을 고스란히 내비치는 유리창이 되고 싶었다.

바게트 다음 크루와상을 베어 물자 부스러기를 잔뜩 흘렸다. 부스러기 꿈들의 비명이다. 어쩌면 무덤일 수도 있겠다. 그래도 나는 이러한 잔해들도 소중히 간직하고 싶어 손끝으로 콕콕 찍어 먹기도 한다.

빵 두 조각을 다 먹었다. 진한 향긋함을 간직하고 나니 내 보폭이 다시 폭신한 구름 위를 걷는 듯하다. 사람들과의 안부를 주고받는 일에 신물이 날 때면 우리 시간에 안부를 묻자.

나만의 인사 구간을 정해보는 거다. 그 시간만큼은 어떤 말로 시작해서 어떤 질문을 해야 하고 답해야 하는지 고민하지 않아도 좋으니, 나와 마주할 편안한 식탁 하나 두고 사는 거다.

퍽퍽하지 않아 오래가는 달그락 거림. 가만히 어딘가를 응시해도 괜찮은 느긋한 테이블이 마음 한 켠 자리 잡는 일. 어떠한 향과 맛을 기억하는 감각들. 생생하게 느끼는 일로 이미 행복은 숨을 쉬고 있는 거니까.

잠시 앉아 허기진 마음을 채우자. 앉은 곳이 좋아하는 곳이면 더 좋다. 애를 써서 나를 돌보지 말자. 묵묵하게 집중할 빵 부스러기만 있다면 버려질 것 같던 소원들은 고개를 든다. 그러니 사랑스러운 사랑스러워질 오늘을 묻자. 나만의 인사. 마르세유로.

학창 시절

　글을 쓰는 우리는 모두 다른 학창 시절을 보냈습니다. 각기 다른 지역, 성별뿐 아니라 시대도 영향이 있겠네요. 저는 체벌 금지가 시작되며 체벌을 받지 않았습니다. 시절도 다르죠. 초등학교 시절, 중학교 시절, 고등학교 시절, 대학교 시절. 여러분들에겐 어떤 시절과 시대가 기억에 남나요. 우리는 지금 만나서 지금의 서로를 마주하지만, 그 당시 당신은 다른 사람이었을 수 있지요. 순수했던 당신의 이야기를 들려주세요.

내가 시를 읽지 않는 이유

"너는 시를 읽어야 해."

그는 말 같잖은 소리를 꺼냈다. 반면 나는 '네?'라는 물음은 안으로 접어두고 그저 멀뚱멀뚱 그의 얼굴만 빤히 바라보고 있었다. 그는 다시 말을 이어갔다.

"너 같은 애는 시를 읽어야 해. 시가 너를 살릴 거야."

시 같은 소리하고 있네라고 넘겨짚기에는 그 소리가 생각보다 의미가 있었던 모양이다. 시라는 언어는 귀를 타고 들어와 속을 타고 내려간 다음 온몸을 휘감고 돌아와서 손끝까지 이어졌다. 열 마디 손가락 지문의 끝이 징징 울리는 기분이 들었다.

그는 선생님이었다. 우리 반을 담당하는 담임 정도는 아니었지만, 나름 부담임이라는 이유로 간혹가다 아이들을 지긋이 바라보고는 했다. 우리 반은 예체능 수시입학을 지원하는 정시 따위나 여타 할 열공의 이유가 없는 놈들로 가득한 곳이었다. 나는 예체능을 지원하는 부류가 아니었지만, 그들과 1년을 같은 공간을 공유해야만 하는 소위 덜떨어진 부진아였다. 더럽게도 공부를 못했지만 나름의 이유는 있었다. 공부를 해봤자 미래가 달라지리란 보장이 없었기 때문이었다. 어쩌다 운이 좋아서 몇 등급이 오르게 되면 지금보다야 더 나은 삶(그러니까 어느 누구라도 알 만한 그런 대학교에 입학하고, 어르신들께 이름을 말해도 아이고 취업 잘 했네 하는 기특함을 받을 수 있는 그런 종류의 삶)을 살 수는 있을 것이다. 그래도 나는 그런 삶을 살 수 없는 인간이었다. 집에 가면 까닭 없이 나를 후려칠 몽둥이가 기다리고 있었고, 쌓여있는 빨래 더미와 그걸 개는 일, 온갖 종류의 자질구레한 일들, 또 욕설, 욕설과 구타의 반복. 이런 굴레를 벗어날 수는 없는 노릇이었다. 내가 스무 살이 된다고 해도 나는 이렇게 살다가 죽을 테지.

운명을 바꾸어 보려고 노력해 보기도 했었다. 당시 '성공하는'으로 시작되는 자기계발서가 유행하고 있었고, 하얗고 가지런한 이빨의 미소를 지닌 백인들처럼 나도 그렇게 살고 싶다는 희미한 환상을 품었다. 그런 책들을 교과서 대신 책가방에 넣었지만, 나는 그런 성공한 백인들을 따라가기에는 확실히 부족한 인간이었다. 이들을 따르기보다 내 비참함을 수용하는 쪽이 더 수월한 것만 같았다. 그래야 내 면상으로 날아오는 저 뜨거운 국그릇에 대해 의문을 품지 않을 테니까 말이다. 이때쯤부터 고개를 숙이고 다니는 게 버릇이 되어버렸다. 나는 나에게 맞는 시선을 가졌다고 확신했다. 더는 사람의 얼굴을, 눈을 보지 않았다.

담탱이는 고개를 숙이고 침울하게 엎드려 있거나 입시에 조금도 쓸모없을 책들(이때부터 비교종교와 철학에 심취해 있었다)을 읽는 나를 꽤 골칫덩이로 여겼다. 진로상담이라고 부르는 고문 시간에는 "너 어느 학과를 갈 거니?", "어느 대학을 목표로 하고 있니?"라는 질문을 하기 마련이지만, 나에게만은 이런 질문들을 하지 않았다. "등록금은 언제 낼 거니?", "학교 졸업하면 갈 데는 있니?", "요즘에는 세상이 바뀌어서 고졸로도 먹고산다고 하긴 하더라.", "하고 싶은 건 있니?" 같은 말들에 내가 대답할 만한 구석은 없었다. 나는 침묵했고 담탱이는 학적 기록부에 "다소 침울하고 비관적."이라고 썼다. 이건 영원히 내 삶의 꼬리표이자, 미래의 지표가 될 것이 뻔했다.

언제쯤 삶을 끝내볼까 하는 생각으로 주머니나 필통 속에 칼을 넣고 다니기 시작했다. 어차피 교실 안에서 손목을 그어봤자 아무도 모를걸.

"뭐 하냐."

그러던 어느 날, 누군가 불쑥 내 눈앞으로 고개를 내밀었다. 허리를 숙여 내 얼굴로 들이민 두 개의 눈, 넙데데한 턱. 부담임으로 있던 수학 선생이었다. 저명한 모 소설가와 같은 이름을 가진 그는 좀 유별났는데, 수업이 시작되기 전마다 칠판에 무슨 문구를 적었다.

"이건 내가 어제 읽은 책에서 나온 글이야."

"너희도 이런 감정을 느꼈으면 좋겠다."

"키야– 이거 너무 좋지 않니?"

감수성이 넘치는 그의 기대와는 달리, 우리들은 시큰둥한 반응이었다. 여고생이라는 타이틀이 무색할 정도로 무미건조한 반응. 간혹 그가 몇 차 함수에 대해 설명을 하다가 갑자기 떠오르는 영감이 있으면 한쪽에다 그 감성 넘치는 문장을 쓰기도 했다. 나는 그의 감성을 무시했고 모가지가 떨어질 만큼 고개를 숙이고 있었다. 때때로 그의 시선이 느껴지기도 했는데, 그럴 때면 고개를 더 많이 숙이거나 아예 엎드려져 버렸다.

다시, 돌아오자면 문제는 그런 내 행동을 무시하고 그가 경계를 넘어왔다는 것이다. 시선. 시선을 피하는 것은 나의 경계를 보존한다는 의미였다. 나에게 맞는 시선이란 비참한 만큼 움츠러드는 범위였다. 그 범위를 낯선 이에게 침범당했다.

"뭐 하냐고 물었잖아."

그는 허리를 숙여 내 얼굴 쪽으로 슬며시 고개를 들이밀었다. 그의 머리통이 점점 가까이 다가오자 나는 고개를 홱 돌리고 말았다. 하지만 그는 이유를 묻지 않았다. 뭔가 정상적이지 않은, 예비 자살자의 미래를 읽은 것일까.

다음날 그는 또다시 입실하자마자 분필을 들고 칠판에 시를 적기 시작했다. 한참을 적고 나더니 나름대로 멋들어지게 읊어댔다. 이후 내 쪽으로 다가오는 그 느낌, 그 시선! 그는 어제처럼 나를 보았다. 그러고는 입을 열었다.

"너는 시를 읽어야 해. 그래야 산다."

삶. 누가 나에게 삶을 말한 적이 있었던가. 죽음과도 같은 시간 속에서 삶을 말하는 사람은 처음 만나는 존재였다. 얼른 고개를 들어 앞을 보자, 그가 촉촉한 눈매로 웃고 있었다. 그가 말하고 있었다. 살아라, 살아라, 살아라.

모든 수업이 다 끝나고 담탱이의 종례 시간이 시작되기 전, 다시 쏟아질 등록금 미납액의 독촉을 피해 도서관으로 달아났다. 도서관에 들어서면서 000번 철학, 001번 종교란을 지나 002번 문학-시 방향으로 몸을 틀었다. 살기 위해서는, 죽음을 벗어나기 위해서는 시집을 쥐어야만 했다. 하지만 문학에 대해 너무나도 무지했던 나는 수많은 시집들 속에서 갈

팡질팡했다. 뭘 읽어야 하지? 뭘 읽어야 내가 살지? 생존을 위해서 읽어야만 하는 시.

그 속에서 한 시집을 꺼냈고 곧바로 시의 세계에 완전히 빠져들었다. 시가 무슨 말을 하는지 정확히 이해하지는 못하지만, 내가 뭘 하고 싶어하는지는 알 것 같았다. 감각. 생의 감각이었다. 나같은 사람이 시를 읽어야 하는 이유, 그건 온전히 나로 살아내기 위해서이기 때문이었다. 나는 살고 있다, 그리고 살고 싶다, 나는 쓰고 싶다, 나는 쓸 것이다. 최초의 감각. 나는 처음으로 살아야 할 이유를 알게 되었다. 나는 읽기 위해, 또 쓰기 위해 존재하는 것이구나!

나는 이 날부터 조금씩 고개를 들기 시작했다. 그리고 절망을 주는 책 대신에 시집을 책가방에 넣었다. 하얗던 시집의 표지는 손때로 너절해지고, 그 시들을 체화하며 나의 언어를 조금씩 내뱉었다. 물론 아직 완전히 고개를 들지 못한 것처럼, 쓰여진 시는 '쉽게 쓰여진 시'처럼 부끄러움으로 남게 되었지만 말이다.

한편으로 시의 인연은 아마 태초에, 나의 시작에서부터 시작되지 않았을까 하고 생각해 보기도 했다.

"너는 성적은 정말 영 별로인데 시를 좀 써봤으면 좋겠다. 너 시 써볼 생각 없니?"

"없는데요."

"아, 그러니? 그래도 한번 생각해 봐."

중학교 때, 국어 선생이 멋대로 내 숙제를 공모전에 제출했고 뜻밖에 입상하게 되었다. 나는 기분이 퍽 더러웠는데, 상을 받으러 나갈 때 모든 시선이 나에게 쏟아지는 것이 공포에 질릴 정도로 힘든 사람이었기 때문이다. 입상을 하는 사람의 표정이 썩어 있으니 선생은 무안한 표정을 지었는데, 선생은 나를 따로 불러내어 시를 쓰라고 자꾸 귀찮게 했다. 그때는 고개를 숙이는 사람은 아니어서, 선생이 복도 저 끝에서 보일라치면 곧장 등을 돌려 반대편으로 뛰어가 버렸다. 별로 좋아하지도 않는 시 따위. 돈도 안되는 시 따위. 그런 걸 써서 뭐해.

신기하게도 그때 내 안에서 죽어버렸던 시의 언어가 다시 나를 살리는 도구가 되었다. '그런 것'이 나는 시를 읽으며 수그렸던 고개를 들고, 지금도 고개가 숙여질 때쯤 다시 시집을 펼친다.

"내가 시인이 되어 당신의 영광을 노래하고, 노래한 대로 날마다 살아가겠습니다."

시의 영광, 그 빛의 생명이 내 안에서 박동하는 한 나는 시를 읽지 않을 것이다. 나는 시를 삼키고 시로 살아가는 사람이 될 것이다. 그리고 시를 계속 써나갈 것이다. 생명이 소진될 때까지 나는 시의 삶으로 살아갈 것을 확신한다. 시는 삶, 운명, 고개 숙인 자의 처음 된 희망. 시의 따스한 마음이 읽는 이들에게 가닿기를. 내가 찾은 시의 언어가 누군가의 입술에서 희망으로 노래될 수 있기를. 이렇게 나는 노래한 대로 날마다 살아갈 것이다.

반절 인생, 깍두기

넷플릭스에서 방영된 오징어 게임이라는 드라마가 전 세계를 강타하고 있다지만 난 아직 그 드라마를 보지는 않았다. 잔인한 장면이 많이 나온다기에 보기를 미루고 있다. 너도나도 이야기하는 이 드라마 한편에 대화가 시작되고 끝을 맺는다 치더라도 나는 그 시류에 편승하고 싶지는 않다. 좀 잠잠해지고, 사람들 기억에서 잊힐 때쯤 나 혼자 조용히 감상하고 싶다.

나는 선천적 질환으로 인해 어린 시절의 놀이에 한 번도 주연을 맡아본 적이 없다. 10m만 걸어가도 턱까지 차오르는 숨과 새파래지는 입술로 변하는 나를 보며 아이들은 기겁을 했다. 아이들은 나를 안전지대로 옮겨놓고는 다시 그들의 놀이 속에 빠져들었다. 나는 당시 운동장 벤치에 앉아 그들이 벗어놓은 가방이나 옷가지들을 봐줬고 반칙을 하는 아이들을 잡아내는 증인 내지는 심판의 역할을 했다.

　친구들은 각양각색의 방법으로 운동장을 알뜰하게도 사용하며 참 잘 놀았다. 남녀의 놀이가 굳이 구별되는 놀이는 많이 없었다. 단 고무줄놀이 정도는 다소 여학생 전유물이 되기도 했던 것 같다. 저학년일 때는 두 줄로 시작했던 고무줄놀이가 학년이 올라가면서 한 줄 고무줄놀이로 바뀐다. 한 줄 고무줄을 양쪽에서 잡고 발목, 무릎, 허리, 턱, 머리끝까지 단계별로 높이를 높인다. 키 큰 아이들이 서게 되면 키 작은 아이들은 나지막이 욕설을 내뱉으면서도 다리를 있는 힘껏 공중으로 차올려 고무줄을 끌어당겨 열심히 넘는다. 그럴 때면 지금 아이돌 가수들의 칼군무 부럽지 않게 리드미컬한 동작들이 나왔다. 그러다 남자아이들이 거미줄 쳐진 줄도 모르는 불나방처럼 우다다 달려가서 훼방을 놓으면 약이 오른 여자아이들은 그대로 고무줄로 칭칭 감아버리고는 실컷 꼬집어 주고 쫓아낸다. 얼음 땡 놀이에서는 뜀박질이 늦은 아이가 술래가 되어 거의 울듯이 아이들을 쫓아가기도 했고, 숨바꼭질할 때면 숨기 좋은 명당자리들이 학교에 그렇게 많았나 싶어 놀랄 때도 있었다. 우리 집에 왜 왔니라는 놀이도 즐겨 하는 놀이인데, 박자 음정 무시하며 우리 집에 왜 왔냐고 고래 고래 소리를 질러가며 노래를 한다. 사람이 많을수록 재미있는데, 양쪽에 팀이 줄 맞춰서 성큼성큼 앞으로 뒤로 나아갔다 물러서며 가위바위보로 상대팀에서 한 명을 데려오는 게임이다. 마음에 드는 아이를 뽑으면 뽑힌 아이는 다소 의기양양한 얼굴로 새로운 팀에 합류하고, 팀원을 뺏긴 아이들은 세상 다 잃은 표정을 하며 결의를 다진다. 무궁화꽃이 피었습니다는 내가 생각했을 때는 참 애매한 놀이였는데 아이들의 움직임의 범위를 술래가 정했기 때문이다. 때문에 결과에 바로 순응하는 아이는 단 한 명도 없었다. 일단 "나 안 움직였다."고 우기고 본다. 또 술래가 발음을 이상하게 했다거나 너무 빨리 주문을 말해버린다며 반칙이라거나 술래 탓을 하기 좋은 놀이이기도 했다. 술래에 잡힌 아이는 술래와 새끼손가락을 걸기도 하는데, 괴물에게 잡힌 공주나 왕자처럼 듬직한 기사나 전사가 구출해 주기를 기다리는 와중에 묘한 두근거림이 있었다고 내게 살짝 귀띔을 해주는 친구를 난 아직 기억한다. 문제의 오징어 게임도 빠질 수 없다. 알다시피 각 놀이는 동네마다 명칭이 다르기도 하고 규칙이 다르기도 했는데, 아무려면 어떤가. 내가 다녔던 학교의 대부분은 오징어 달구지라고 불렀다. 뾰족한 돌멩이 하나로 운동장에 선을 쓱쓱 그어 오징어 모양의 놀이판을 그려놓고 오징어! 하면 달구지! 라고 맞받아치면 작은 전쟁을 시작된다. 운동장 모래 먼지가 풀풀 나게 깨금발로 뛰어다니며 밀고 당기고 하면서 넘어지는 건 다반사고, 때로는 선을 밟았느니 말았느니 하는 문제로 내 의견을 물으러 우르르 벤치에 몰려오곤 했다.

    이처럼 내가 선천적인 질환이 있었다고 해서 아이들과의 정서적 괴리감을 느껴 본 적은 없었다. 아이들은 땀을 뻘뻘 흘리며 놀 만큼 놀고 와서도 내 안부를 물어봐 주는 것을 잊지 않았다. 벤치에서 아이들이 노는 것을 바라보고만 있으면 서글펐을 법했을 거라고들 하지만 그건 모르는 말씀이다. 그들은 나를 열외 시킨 것이 아니라 나를 배려한 것이다. 겨울에는 자신들의 옷만 맡겨만 놓는 게 아니라 담요를 가져와 내 어깨나 무릎을 덮어주고 가기도 했고, 여름에는 부채도 손에 쥐여주었다. 그리고 놀면서도 도중에 쉬러 오는 척하며 내 상태를 살피러 오는 아이들도 있었다. 위에서도 언급했듯이 게임에서 뭔가 안 풀리면 아이들이 우르르 몰려와 누가 반칙을 했고 누가 선을 밟고 누가 옷을 당겼고 누가 억지를 부렸는지 심판을 해달라고 했다. 내가 그 놀이에서 열외 되지 않았던 이유는 난 상당히 공정했기 때문이다. 반박할 수 없이 내가 본 그대로를 사실적으로 표현하는 건 지금보다 더 나았던 것 같다. 아이들에게 받은 최고의 배려는 바로 놀 만큼 다 놀았어도 홀로 남았을 나의 무료함을 걱정해 주며 앉아서도 할 수 있는 게임을 마지막에 꼭 남겨두었다. 바로 땅따먹기나 공기놀이 같은 거였다. 물론 땅따먹기에서는 돌멩이가 원치 않는 방향으로 가면 몸을 움직여야 할 때도 있었지만 그런 것은 친구들이 대신 주워 주었고 그걸 굳이 배려라는 거창한 이름을 붙이지 않아도 몸에 밴 습관처럼 행동했다. 다 놀고 나면 덩치 큰 여자 친구나 남자친구가 집까지 업어서 바래다주면 우리의 놀이가 비로소 끝난다.

여기서 하나 안타까운 건 이렇게 해주는 친구들과의 만남이 그리 오래 지속되지는 못했다는 점이다. 내가 놀이 방법을 터득하고 심판을 보고 배려를 받았다고 그 시절을 추억할 수 있는 건 그나마 그 학교를 가장 오래 다녔기 때문이다. 아버지가 직업군인이냐는 소리를 들었을 만큼 이사를 많이 다녔고, 결과적으로 초등학교 5학년 때까지 무려 전학을 열 번 넘게 다녔다. 물론 아버지는 군인과는 전혀 관계없는 사람이다. 아이들과의 유대관계를 쌓을라치면 이삿짐부터 싸야 하는 일이 허다했다.

다행히 새로운 생명을 얻는 기적이 일어났고 나는 건강을 되찾아 학교를 무난히 다닐 수 있게 되었다. 학교마다의 놀이의 규칙은 조금씩 변했지만, 놀이의 종류는 크게 다를 것 없었던 덕분에 나는 드디어 실전에 참여할 수 있게 되었다. 그런데, 멀리서 지켜보던 것과는 다르게 몸이 제대로 따라주질 않았다. 기본 체력이 바닥인 나는 오징어 게임 같은 것에서는 한방에 나가떨어졌고, 고무줄 높이는 생각보다 높았으며, 무궁화 꽃이 피었습니다에서는 멈추다가 균형을 잃어 넘어졌다. 숨바꼭질에서는 허둥지둥하다가 매번 술래에게 잡혔고 얼음 땡에서는 달리기를 못 해서 술래를 도맡아 하다가 아무도 잡지 못해 아이들이 되려 맥빠진다고도 했다. 상황이 이렇게 되자 같이 놀던 친구들이 당황스러워하기 시작했고 나를 배려해서가 아니라 진짜 열외를 시켜야 할지 심각하게 고민을 하기에 이르렀다. 그런데 어떤 아이가 말했다.

"깍두기 시키면 되지. 괜찮아."

그러자 아이들의 표정이 순간 밝아졌다. 놀이 안에서 굳이 느낄 필요 없는 죄책감이나 부담감이 줄어드는 획기적인 대안은 바로 "깍두기"였다. 아무도 내팽개쳐지지 않음으로써 서로 상처를 주거나 창피해하지도 않게 된다. 깍두기라는 말의 정확한 어원은 모르겠다. 깍두기는 무로 만든 김치의 한 종류이자, 심지어 요즘에는 무서운 형님들을 지칭하는 부정적인 이미지도 있지만, 내 어린 시절의 깍두기는 몰라도 괜찮다고 용서해 주는 관용의 상징이었다. 몸은 굼떠도 규칙이나 전략에는 능했던 나는 일반적인 찜오의 역할보다는 좀 더 위치가 높았다. 나름대로는 조커의 역할이라고 자만심에 빠지기도 했는데, 지금 생각하면 실소가 나온다. 하지만 깍두기는 깍두기다. 규칙에 얽매이지도 않고 비난을 받지도 않지만 좀 외롭다. 규칙에서 자유로우면 행복할 것 같지만 왠지 정정당당해지지 않는다. "몰라서 할 수 없지 뭐"라고 지레 포기해버리면서 있는 듯 없는 듯 그들은 또 놀이를 이끌어 간다. 팀이 이겨도 내가 있어서가 아니고, 팀이 지면 나 때문에 진 것처럼 생각되는 자리이기도 하다. 배려와 수용의 문화임에는 분명하지만 학창 시절의 대부분을 깍두기 반절 인생으로 살아온 나는 내 목소리를 내지 못했던 시절이 아프게 남아 있기도 하다. 하지만 나는 그 시절이 그립고 또 그립다. 규칙을 몰라도, 행동이 굼떠도 놀이를 벗어나면 나는 모자람 없는 온전한 "한 사람"으로서의 그들의 친구가 되었고, 수다를 떨었고, 같이 공부를 했고, 같이 놀러 가기도 했다.

오래된 추억이지만 다시 떠올리다 보니 그때가 생생하게 다가온다. 친구들이 노는 것을 바라보던 그 운동장, 노느라 땀에 푹 절은 친구의 등에 업혀 집으로 향할 때의 노을, 그 뒤를 졸졸 따라오며 아이들이 재잘거리는 소리, 처음 해보는 놀이에, 넘어진 나를 일으켜 무릎에 묻은 모래를 탁탁 털어주던 친구의 손길, "깍두기 하면 돼."하고 걱정하지 말라던 눈빛이 떠오른다. 그런 이 순간을 행복해하지 않을 이유가 있을까. 내 삶 전체에서 그 시절의 찜오, 깍두기의 경험은 반올림되어 인생 점수를 더 맛있게 높일 수 있다.

화이트데이

얘들아 봐 봐
빈 입으로 풍선을 부는 기분

울지 말란 말과 터져 나온 울음 중 어느 것이 먼저였을까

기다려 주는 법이 없는 아이들
들은 적 없는 말은 무슨 수로 하게 되는 걸까

태어나서 처음 겨드랑이 아래로 손이 들어왔을 때
울고 있었을까 웃고 있었을까
그때 그 아이는
괜찮다는 말과 사랑한다는 말을 구분했을까

홀로 걸어온 아이가 건네준 사탕이 따뜻하다

어, 이거 안에 껌 들은 거잖아요
어떻게 알았어요

말랑말랑하게 웃는 정수리

전생을 기억하는 기분으로 문고리를 잡았다
불특정 다수를 아이들이라고 부르기로 한 날
아이들의 아이가 되기로 한 날

나가 볼까요
좋아요

제법 어른처럼 말하는 나의 아이가
사탕을 까 주었다

화이트데이(White Day)는 '운이 좋은 날'이란 관용적 의미가 있다.

여기에 있어

　초등학교 4학년 때 지옥이 시작됐어. 창문을 열지 않았다는 이유였지. 손쉽게 시작된 폭력이 졸업까지 이어졌어. 한 해가 지났는데 같은 반이 되더라고. 나를 탁구공 치듯이 두 사람이 번갈아 주먹을 날리기도 했고, 당시에 유행하던 레슬링 기술을 시험할 대상이 되기도 했어. 웃긴 게 왕따는 또 아니었다? 나와 비슷한 처지에 있거나, 타깃이 되지 않은 조용한 아이들과는 친하게 지냈어. 그럴 수 있던 이유는 간단해. 우리는 서로를 구해줄 수 있는 사람들이 아니었거든. 다들 그 사실을 명백히 알고 있었어. 그래서 누구도 원망하지 않았던 거 같아. 한 아이가 어디선가 맞고 오거나, 눈앞에서 폭력에 노출되어도 모르는 척, 지옥 같은 시간이 끝나고 나면 자리에 다시 모여 아무렇지 않게 다른 이야기를 하곤 했어.

친구 A가 종종 '기절 놀이'에 이용당하던 기억이 나. 목을 계속해서 졸리면 피가 통하지 않아서 의식을 잃잖아. 그렇게 의식을 잃는 게 놀이가 되어 전국적으로 번진 적이 있었어. 잠시 쓰러졌다가 이윽고 의식을 되찾은 A가 더 하고 싶다고, 자기 목을 조른 애한테 웃으며 말하던 모습이 가끔 떠올라. 이해 안 되지? 근데 난 이해가 됐어. 당시에 다니던 종합학원에서 성적이 좋지 않아 불려갔을 때, 나는 모욕적인 말을 한참 들으면서도 죄송하다며 멋쩍게 웃었거든. 그걸 본 선생님이 말했어. 모면하려는 비굴한 웃음 짓지 말라고.

그제야 알게 된 거야. 언제부턴가 폭력 앞에서 실실 웃고 있는 내 모습을. 이유를. 그건 생존본능에 가까웠어. 그렇게라도 하지 않으면, 자기 처지를 똑바로 보게 되면 그날로 끝장이라는 걸 본능적으로 알고 있었던 거야. A도, 나도, 폭력에 노출된 다른 아이들도. 가해자와 피해자가 아니라, 지금 같이 장난을 치는 거라고, 우리는 놀고 있는 거라고 스스로 암시를 걸 수밖에 없었던 거야. 자신의 의도와는 상관없이 그런 사람이 되어야 했어. 그렇게 되고부터, 나를 지독히 괴롭히던 애들이 하루라도 나를 건드리지 않으면 있잖아. 고마운 마음이 들더라. 내 의식이 그런 식으로 작동했다는 걸 성인이 되고도 한참 후에야 알았어.

무슨 기분으로 듣고 있어? 어쩌다가 이 얘기를 하게 됐더라? 내가 왜 또래 남자들이랑 잘 어울리지 않냐고 네가 물어서였지. 그래서 그래. 학창 시절을 추억하는 사람들, 아무렇지 않게 쉬이 술안줏거리로 꺼낼 수 있는 사람을 보면 경계할 수밖에 없는 거야. 아무렇지 않을 수가 없던 시절이었으니까. 가해자나 방관자가 되지 않는 이상 불행해야 했으니까. 비약인 거 누구보다 잘 알아. 이런 나여서 놓치는 인연들에 대해 누구보다 많이 상상해. 그래도 어쩌겠니. 상처 입은 내 안의 아이 같은 게 아니야. 안아줘야 할 어린 내가 아니야. 그걸 겪은 내가 여기에 있는걸. 여기에. 나는 여전히 여기에 있어.

고등학교를 자퇴하고 인권운동에 발을 디뎠을 때도, 잠시 대안학교에 들어가서도 이런 이야기를 제대로 꺼낸 적이 없어. 몇 번의 연애를 하면서도 한 번도 입이 열린 적 없는데. 왜 오늘, 이렇게 갑자기 네게 말한 건지 나도 잘 모르겠다.

아직 하지 못한 이야기가 많아. 헤프게 말해주고 싶어. 힘내서 다 이야기할 날이 올 거야. 지금보다 강해져서, 그래서 아주 조금 세상이 더 만만해지면 마저 들려줄게. 너무 늦기 전에 꼭 그렇게. 그땐 웃음기 없이 전부 말할게.

당신의 첫사랑은 안녕한가요?

'페루'의 리마, '브라질'의 상파울루. 남미의 신비롭고 열정적인 느낌보다, 애틋하고 아련한 느낌이 먼저 드는 곳.

1995년 봄이었다. B는 영덕에서 수원으로 이사 왔고, 할아버지 할머니와 함께 살게 되었다고 했다. 그 당시 내가 다니던 교회 목사님의 손자였다. 교회에서의 유일한 동갑내기였던 우리는 금세 친해졌고 둘도 없는 단짝이 되었다. 학교에서 돌아오면 교회로 달려가 함께 공부를 했고, 책도 같이 읽었다. 줄곧 시골에 살아서 놀이동산에 한 번도 못 가봤다던 B를 위해 기꺼이 놀이동산에도 갔다. 시내 구경도 늘 B와 함께였다. 부모님과 떨어져 살고 있어 외로울까 봐 집으로 종종 불러 밥도 같이 먹은 날이 많았다. 그렇게 여섯 번의 계절을 함께 보냈다.

참 따뜻하고 여린 아이였다. 나 역시 조금은 얌전한 아이였지만 B 앞에서만큼은 씩씩하고 털털한 아이였다. 나보다 속눈썹이 훨씬 길고, 나보다 손가락도 길어서 내가 늘 부러워했었다. 웃는 모습이 봄날의 햇살처럼 눈이 부셨던 아이였다. 나만 알고, 나밖에 모르고, 나에게만 의지했던 B였는데 언젠가부터 변하기 시작했다. 나를 보고도 웃지 않고 말도 하지 않고 눈길도 주지 않는 것이었다. 슬펐다. 나한테 왜 그러냐고 수백 번을 물어도 돌아오는 대답은 없었다. 원망스러웠다. 나는 영문도 모른 채 혼자 속상해했다. 어느새 겨울이 되었다.

두어 달간의 침묵을 깨고 내뱉은 첫 마디는,

"나 이민 가."

"……"

"그동안 너한테 정 떼려고 일부러 모질게 굴었어. 미안해."

"……"

"나 진짜 가기 싫은데, 엄마 아빠 때문에 어쩔 수가 없어. 난 힘이 없어."

"……"

나는 아무 말도 할 수 없었다. 아니, 그 어떤 말도 하고 싶지 않았다. 형용할 수 없는 무언가가 가슴 밑바닥에서부터 올라와 내 목구멍에서 턱 막혔다. B는 자기 생각이 너무 짧았다고 했다. 나에게 차갑게 굴던 시간들을 후회한다고 했다. 더 많은 추억을 쌓고 더 많은 시간을 보냈어야 한다고 했다. 그리고 계속 미안하다고 했다.

B는 사흘 후에 한국을 떠났다. 떠나기 전, 은목걸이를 내 목에 걸어주었다. 자기를 오래오래 기억해달라고 했다. 꼭 편지하자고 했다. 나는 내 손에 끼고 다녔던 반지를 건네주었다. 눈물이 자꾸 흘러서 말문이 막혔다. 그 길로 나는 집으로 뛰어와 세계지도를 펼쳐놓고 한참을 울었다. 하루 종일 울었다. 태평양이 흠뻑 젖었다. 페루는 너무너무 멀었다.

함께 있을 때는 몰랐었다. 떠나고 나서야 알게 되었다. 내가 그 아이를 정말 많이 좋아한다는 것을. 우리는 편지를 주고받았다. 요즘처럼 인터넷이 일상화되어있지 않았기 때문에 우리의 유일한 소통 수단은 국제우편이었다. 비록 한 달에 한두 번 편지 쓰는 게 전부였지만, 편지를 보내고 기다리는 시간들이 더없이 행복하고 설렜다. B가 보낸 첫 편지의 시작이 지금도 기억난다.

'보고 싶어 죽겠어. 나 너 되게 많이 좋아했나 봐.'

우리는 헤어지고 나서야 서로의 마음을 알게 된 셈이다. 내가 그렇게 부러워했던 속눈썹을 떼서 편지지에 붙이고, 한국에 있을 때보다 머리카락이 많이 자랐다며 한 올을 떼서 편지지에 붙이고 했던 편지들을 지금도 갖고 있다. 페루에서 2년을 살고 브라질로 다시 이민을 가서도 편지를 주고받았다. 나는 고교 생활의 고충을 고스란히 담아 보냈고, 자유로운 브라질의 생활을 부러워하기도 했다.

거기까지였다. 20대가 되면서부터 우리는 자연스레 멀어졌다. 편지도 끊겼다. 어른이 되면 반드시 다시 만나자 했던 약속도 빛바랜지 오래다. 그러나 가끔은 생각난다. 브라질 올림픽의 중계방송을 보며 혹시나 했던 마음. 상파울루의 봉헤찌로 한인 타운 다큐멘터리를 보며 혹시나 하는 마음….

지구 반대쪽. 나보다 12시간 느린 하루를 살고 있을 나의 첫사랑. 세상의 온갖 고민은 다 짊어지고 살았던 여고생 시절을 달달한 편지 하나로 견디게 해주었던 내 인생의 첫사랑. 다행이다. 첫사랑이 가슴 아프지 않아서. 열여섯 모습 그대로 언제든 꺼내어 볼 수 있게 남아줘서.

편지를 병에 담아 띄우는 마음으로

 흔히 학창 시절 하면 중, 고교시절을 떠올리지만 나는 가방끈이 꽤 긴 편이라 좀 애매한 점이 있다. 단순히 학생 신분을 유지한 기간을 학창 시절로 친다면 내 학창 시절의 종점은 2019년 2월, 내 나이 서른여덟의 일이니까. 돈 걱정이 아주 없진 않았지만 크게 어렵지는 않았던 집안 살림 덕에 나는 그만, 박사과정을 선택하고야 말았다. 그렇게 1989년 초등학교 입학부터 2019년 대학원 졸업 때까지 무려 31년간 나는 줄곧 학생으로 살아왔다.

 물론 중간에 군대를 가거나, 자퇴를 하거나, 실수로 원서 낼 시기를 놓치면서 실제로 '학생'이 아닌 시기도 있었지만, 그럴듯한 직업은 늘 없었던 탓에 학생 외엔 적당한 호칭 없이 긴 시간을 지내왔다. 그나마 박사과정에 입학하게 된 2013년부터 대학원 수업을 듣는 학생이면서 동시에 학부 강의에 출강하기 시작했다. 그렇게 '학생' 아닌 '교수님' 또는 '선생님'으로 불리던 시기가 찾아왔지만, 강의 경험, 준비 시간, 보수, 전망 모두 부족한 현실 속에서 내게 강사가 되는 일은 심각한 스트레스로 다가왔다.

그나마 아주 긴 학창 시절을 보낸 것의 장점이라면 공부하는 습관이 몸에 배었다는 점이랄까? 기한만 충분하다면 아주 낯선 것이라도 새롭게 배워야 하는 상황에 대한 부담은 거의 없는 편이다. 하지만 우리는 밥벌이를 위해 제한된 시간 안에 무언가 쓸만한 존재임을 증명해야 하는 존재이기도 하지 않나. 계좌의 잔고가 하향곡선을 그리기 시작하고, 이대로 저 숫자가 0에 도달할 시기에 대한 계산이 서기 시작하면 익숙하지 않은 타이를 맬 때처럼 무언가 해야 한다는 압박감이 스멀스멀 목을 조여오는 것이다.

문제는 그 와중에도 '나'라는 인간은 어디를 가더라도 '이건 착취네요, 그건 비전이 없다고 생각해요.'라는 식의 훈장님 같은 소리를, 그것도 뒤도 아니고 면전에다 해버린다는 것이다. 덕분에 남들 다 눈칫밥 먹으며 다니는 '직장'이라는 신성한 일터에서 좀처럼 붙어있질 못하고 늘상 쫓겨나는 것이다. 물론 나라고 이런 성격이 문제라는 것을 모르는 바는 아니지만 초등학교 들어가기 전부터 현재까지 꾸준하게 보여온 일관성이니만큼 쉽게 다듬어지지는 않을 것이라는 나름의 주제 파악 역시 하고 있다.

이런 나의 입장에서 내린 잠정적인 결론은 '적당한 환경에서 기회가 올 때까지 버티며 경험을 쌓아가는 것'이다. 특별할 것 없어 보이는 이 결론에는 '나에게 적당한 환경'을 적극적으로 공략하겠다는 의지가 담겨있다. 이건 나름 번듯한 곳에서 멘탈이 바스러질 때까지 버티려 한 경험에서 나오는 생존본능이기도 하다. 나는 조직생활이 맞지 않다. 특히 위계가 중요한 조직에서 나라는 인간이 할 수 있는 역할이라곤 그 위계질서를 와해시키는 것 뿐.

그럼에도 불구하고 나는 경험을 통한 성장을 포기하지 않았다. 나는 경험을 쌓고 나아질 것이다. 비록 여전히 바뀌지 않는 부분이 있을 것이고 누군가 기대한 성장과는 방향이 다를지도 모르겠다. 하지만 나는 결국 내 부적응보다 원숙해짐이 두드러지는 환경을 찾아낼 것이다. 그 환경에서 나는 늘 그래 왔듯 능동적으로 경험하고 삶을 살아낼 것이다.

혹시 이런 누추한 자기 고백을 왜 읽어야 하는지 불만이 든다면 사과드린다. 누군가에게 이 글은 독자인 당신이 아니라 그저 미숙한 나의 자기 위로일 것이다. 다만 그런 부끄러운 글을 세상에 내어 놓는 마음을 조금은 헤아려 주길 바란다. 이건 자기 위로이기도 하지만 '나' 같은 사람이 세상 어딘가에 또 있기를 바라는 희망에서 쓰는 '병편지'이기도 하니까. 이 글을 책에 담아 누군가 그리 다르지 않은 자신을 발견하고, 서로의 적당한 환경으로서 우리를 지각하길 바라는 마음을 담아 띄운다.

나비

주제에 대한 고민을 하던 찰나에 책방 뒷문으로 나비가 들어왔어요. 곧장 앞문으로 나풀나풀 날아갔죠.

흩어지며 부유하는

 나비가 날아들어 따라나섰다. 마침 눈도 침침하고 슬슬 어깨와 허리 통증이 심해지던 중이었다. 서둘러 나왔지만 나비는 그새 사라져 보이지 않았다. 고개를 이리저리 돌려보았지만, 목만 아플 뿐 어디로 갔을지 짐작도 되지 않는다. 잠시 걸으면서 기분전환이나 할 생각에 내키는 대로 걸음을 옮겨본다. 몇 걸음 걷지 않았는데도 금세 어디로 이어지는지 모를 길을 걷고 있다.

 이곳으로 옮겨온 지 일 년이 되어가는데도 동네가 낯선 건 아마도 사람이 게을러서 일 거다. 이참에 길이나 익혀야겠단 생각에 눈앞에 보이는 골목길로 들어섰다. 아니 실은 기름 냄새에 이끌린 것 같다. 코너를 돌아가니 꽈배기 가게에서 마침 한 손님이 검은 비닐봉지를 손에 들고 나오는 모습이 보였다. '이런 걸 운명이라고 해야겠지?' 같은 시답잖은 생각을 하며 손으로 주머니에 든 지갑을 확인했다.

고집스럽게 갓 튀긴 꽈배기만 판매하시는 지조 있는 사장님 덕에 넘치는 침샘과 초조함을 과한 수다스러움으로 포장한 십여 분이 지나고 마침내 꽈배기를 손에 넣었다. 왠지 사장님한테 쓸데없는 얘기를 너무 많이 한 기분이라 서둘러 계산하고 도망치듯 자리를 옮겼다. 그제서야 갑자기 이걸 들고서는 들어갈 만한 곳이 전혀 없다는 생각이 떠올랐다. 그렇다고 집까지 돌아가자니 이 꽈배기를 식혀서 먹는 건 예의가 아니라는 생각이 든다. 적당히 한적해 보이는 구석에 자리를 잡고 앉아 한입 베어 물었다. '고소하고 달콤한 향기, 부드러우면서도 쫄깃함이 살아있는 식감이 그야말로 내공이 느껴지는 맛이다.'라는 댓글과 함께 별점 5점, 즐겨찾기, 물론 마음속으로만. 고개를 돌려보니 고양이 한 마리가 애매한 거리를 두고 노려보고 있다. 나 말고 꽈배기를. 멈칫하는 순간, 뒤에서 목소리가 들렸다.

"가게 앞에서 고양이한테 먹을 거 주시면 곤란해요. 안 그래도 요즘에 계속 가게 앞에다 볼일을 봐서 곤란한데…."

이걸 나눠주다니 말도 안 되는 소리다. '영업하는 가게라고 하기엔 너무 어두워서 몰랐어요!' 라고 속으로 외치며 반사적으로 미안하다는 제스처를 취했다. 돌아보니 아까 그 사람이다. 검정 비닐봉지, 입가에 살짝 묻은 설탕가루… 따위는 없었지만 내 눈은 피할 수 없지. 가게라길래 유리 안을 슬쩍 들여다보니 책방이다.

"어 책방이었구나? 이거 먹고 들어가서 책 구경 해도 되나요?"
"원래는 외부 음식 반입 금지입니다만, 저희 커피 판매하니까 안에서 커피랑 드시죠. 꽈배기랑 잘 어울립니다."
"그럼 아이스로 한잔 부탁드립니다."
"계산은 선불입니다. 손님."

카드를 건네고 주인을 따라 안으로 들어가자 꽈배기를 노리던 녀석은 뻔뻔하게도 책방 안으로 걸어 들어와 뒷문으로 나갔다. 가게에서 밥을 주거나 키우는 녀석은 아니라고 하는데 왠지 모르겠지만 책방을 통로처럼 지나다닌다고. 하긴 이 사람, 확실히 고양이가 무서워할 만한 인상은 아니다. 어딘가엔 수완이 좋고 탈모가 진행된 두피를 가진 세일즈맨 인상의 책방 사장도 있긴 하겠지만, 이 사람은 데려다 놓고 '책방지기들은 왜 대부분 착하게 생겼나?'라는 화두를 던져도 쉽게 반론이 나오지 않을만한 인상이다. 그나마 다행인 건 인상과 달리 장사 수완은 그리 나쁘지 않은 것 같달까. 물론 책방을 고른 걸 보면 계산에는 그리 밝지 않은 것 같지만….

    결국 꽤 시간이 흐르고 나서 책 몇 권과 함께 자리에서 일어났다. 자리를 차지하고 있던 내내 다른 손님은 결국 나타나지 않았다. 가게 문을 나서는데 나비 한 마리가 날아들었다.

내 귀에 나비

　나비는 언제든 볼 수 있으나 쉽게 손에 넣기에는 쉽지 않다. 이리 날아 오너라고 명령이 아닌 청유형으로 달래보아도 쉽게 다가오지 않고 도도하게 내 머리 위, 어깨 위, 앞에서 나불거리며 날아다니다 어느새 사라진다. 부르기도 쉽고 그리기도 쉽고 일상에서 쉽게 발견되는 작은 곤충 하나가 실은 2억만 년 전부터 살아남아 여전히 우리에게 순수와 아름다움과 자유로움, 희망, 사랑 떠올리게 한다. 날개를 만지면 실명한다는 이야기를 퍼트린 건 이 작은 생명체를 함부로 다루지 않기 위해 우리 조상님들이 만든 생명존중 캠페인 정도지 않았을까 하는 이유를 더해보기도 한다.

　이것은 방정맞게 팔랑거리는 나방보다는 더 우아함이 돋보이고, 꽃잎이 날아다니는 것처럼 아름답고 따뜻하다. 그리 힘들이지 않아도 작은 날갯짓으로 나풀거리며 온 하늘을 차지하다가도 달콤함과 사랑스러움을 동시에 가진 꽃 위에 내려앉아 오수를 즐길 수 있기에 참으로 복받은 생명체가 아닌가. 그것이 죽은 자의 영혼이라고도 하는 말에 백번 동감하는 건 납골당에서 늘 나를 앞서거니 뒤서거니 하며 오는 하얀 생명체에 그렇게도 감정이입이 잘 될 수가 없기 때문이다. 그것을 향해 나는 매번 짧은 안녕을 전하며 손을 흔들어주곤 한다.

나비는 다섯 번의 변화와 성장을 거쳐 제 모양을 뽐내며 태어난다. 때문에 심리학자 융은 자아(self)를 나비에 비유하기도 한다. 그들은 화려하게 태어나 짧은 생애를 마치면서도 후회가 남지 않는 것 같다. 그런 이유들 때문인지는 모르겠으나 작가들은 앞다투어 그를 그리는 시를 쓰고, 소설을 쓰고, 시나리오를 만들며 가수들은 가사를 쓰고 화가들은 영감을 받는다. 우리의 어머니 신사임당도 나비를 사랑하셨다. 잡화에서도, 패션에서도 가리지 않고 나비를 모방한다. 나비는 모양이 단순해서 조금만 비슷하게 생겨도 "나비"라는 이름을 붙여주고 싶은 사람들이 많았나 보다. 그래서 멀쩡한 고양이에게도 털이 난 모양을 보고 나비라는 이름을 붙인다. 팀명을 정할 대도 자주 오르내리곤 한다. 내가 인체에 대한 공부를 할 때 우리 몸 안에도 나비를 담고 있다는 것을 알게 되었다.

바로 우리 모든 감각을 전달해 주는 척수의 단면이 나비 모양과 닮아 있다. 내가 문신을 한다면 꼭 한 개 정도는 나비 문신을 하게 될 것이다.

지금은 훌쩍 성장해버린 사춘기 아들은 동요하면 아직도 〈나비야〉를 가장 먼저 떠올린다. 대한민국의 엄마라면 누구라도 그러하겠지만, 아이를 가지면서 태교할 때 가장 많이 듣는 동요 중의 하나이기도 하다. 〈나비야〉는 독일 민요 〈꼬마 한스〉를 일본이 개사해서 부르다 일제 강점기에 우리나라로 들어온 노래이다. 〈꼬마 한스〉는 어린 한스가 어린 시절 여행을 떠났다가 몇 년 후에 어른으로 성장해서 집으로 돌아왔는데, 아무도 몰라봤던 한스를 엄마가 단번에 알아보고 반기는 감동적인 내용이었다. 어머니라면 자식이 어떤 모습으로 변해있건 간에 내 자식만큼은 알아볼 수 있을 것 같다고 감히 단정 지어본다. 역시 태교 음악으로 손색없고, 원곡의 가사가 더 감동적이긴 해도, 우리가 잘 알고 있는 동요의 가사도 동심을 물들이는 데 나쁘지는 않다.

노랑나비와 흰나비만이 다인 줄 알았던 순수했던 어린 시절을 지나 어느 순간 콧수염 달린 아저씨의 휘적대는 춤사위에 우스꽝스러운 호랑나비 춤을 추며 어른이 되었다. 오페라

나비부인을 알게 되면서 문화체험을 했고, 조디 포스터의 입을 막은 나방의 모습에 잠시나마 나비까지 공포의 대상으로 오인했다가도 귀에 꽂은 이어폰을 통해 흘러나오는 내 생애 최고의 드라마였던 '네 멋대로 해라'에서 전경이 만든 <꿈꾸는 나비>를 들으며 어떤 사랑을 받으며 살고 싶은지를 생각했고, 영화 '국가대표'의 OST 중 러브홀릭이 부른 <버터플라이>를 무한반복해서 들으며 용기와 희망을 떠올렸다. 나비효과를 알게 되면서 내 작은 행동에서의 책임도 느꼈다.

이처럼 이 작은 생명체는 존재감이 확실하다. 머릿속에서, 피부에서, 시야에서, 귀에서 떠나지 않은 이 작은 생명처럼, 생명은 짧으나 오래 남겨지는 유전자같이 내 언어도 나풀나풀, 나불나불 날아 나비처럼 아름답게 남아 있길.

오늘은 오랜만에 <꿈꾸는 나비>를 들어야겠다.

나비야

나비는 그릇 바닥을 샅샅이 핥았다. 스테인리스 그릇이 덜그럭덜그럭 소리를 내기가 무섭게 나비의 콧잔등 앞으로 황갈색 사료가 우르르 떨어졌다.

"하이고메. 불쌍한 년. 천천히 무라. 체한데이."

나비의 밥그릇에 사료를 붓던 할머니는 측은한 눈빛으로 나비를 바라봤다. 허겁지겁 먹는 나비의 입, 씰룩이는 콧잔등, 들썩이는 등허리, 불룩해진 아랫배까지. 그녀의 시선이 닿는 곳곳마다 나비를 향한 애정이 깃들어있었다. 나비는 그릇 위로 수북이 쌓인 사료를 게걸스럽게 다 먹어 치우고는 할머니의 손 어귀에 등을 살살 비비기 시작했다. 그릉그릉. 임신한 암컷에게 친절을 베푼 이를 향한 존경의 표시였다.

"안아, 더 무그라. 더 무야지 니 배에 있는 얼라들이 똥똥해져서 나올 거 아이가."

할머니는 빈 그릇에 사료를 한 바가지 더 부어주었지만 나비는 그릉그릉거리며 할머니의 손등에 보드랍게 몸을 비벼댈 뿐이었다. 나비의 축처진 아랫배는 이제 곧 출산시기가 다가오고 있음을 한껏 보여주고 있었다. 가끔 뱃속에서 다투는 녀석들이 있는지, 사료를 집어먹던 나비가 울컥하는 기운을 내뱉기도 하였다. 이제는 세상의 빛을 보게 될 때가 다가와서인지 그런 기류는 쏙 들어가고, 하루에 사료 한 포대를 다 먹어치울 정도로 식욕이 왕성해졌다.

나비는 동네 길고양이였다. 할머니는 올해 초겨울, 혹한기에 꽝꽝 얼어붙은 골목길에서 까만 괭이 새끼가 튀어나오는 바람에 뒤로 훌러덩 넘어져 버리는 사고를 겪고는 고양이라는 존재를 퍽 두려워하였다. 그때 그 사고만 아니었어도 엉치뼈에 금이 가서 여지껏 아이고 아이고 하고 앓는 소리 따위는 안 내셨을 텐데 말이다. 그날 이후 한낮의 시간에도 대범하게 음식물 쓰레기봉투를 찢어 뒤지는 놈들에게도, 그때 생각에 부아가 치민다며 쌍욕을 퍼붓는 게 바로 우리 할머니였다. 가끔은 지팡이를 마구 휘두르는 바람에 고양이들이 깜짝 놀라 우당탕탕 도망치는 경우도 있었다. 저 쌍놈의 새끼들이 어쩌구 저쩌구 하며 동네가 떠나가라 소리를 지르다 보니, 모르는 노인네인 척 놔두고 잰걸음으로 집에 온 적도 있더랬다.

길고양이만 보면 못 잡아먹어서 안달 나던, 완고하고 무자비한 늙은이. 그런 할머니에게도 어떤 심경의 변화가 생겼는지 어느 날 나에게 돈을 좀 달라고 손을 내밀었다.

"돈 좀 주구마."

"왜요?"

"왜는 콱 마. 어른이 달라고 하면 주는 기제. 뭘 그래 따져 쌌노."

한 번만 더 이유를 물으면 할머니의 지팡이가 응징을 할 것만 같아, 핸드백에서 지갑을 꺼냈다. 지갑에서 여러 장의 만 원들 중 한 장을 꺼내려다가,

"야야. 괭이 새끼들 사룟값이 얼마노?"

"예? 고양이 사료요? 왜요?"

"어른이 물으면 예 얼마입니다 해야지 뭔 질문이 많아쌌노."

"대충 만 얼마 정도 할걸요? 근데 그건 왜요?"

"알 거 없다."

알 거 없다고 딱 잘라 말하던 할머니는 멋대로 내 지갑 속에서 이만 원을 덥썩 집어 당신의 손바닥 안에 꼬깃꼬깃 접어 넣었다. 대체 무슨 꿍꿍이인가 싶긴 했지만, 아무리 괴팍한 노인네라도 길고양이를 함부로 죽이거나 해코지할 정도로 정 없는 사람은 아닌 것을 알기에 더는 묻지 않았다.

그날 저녁, 야근을 마치고 막차 버스에서 내렸다. 월요일부터 빡센 야근이라니. 콜로세움에서 사자와 싸우던 전투사가 온몸이 땀으로 흥건하게 젖은 것처럼, 나도 온통 절여진 기분이었다. 여기에 쌩쌩 부는 초겨울의 칼바람은 인생을 더욱 고달프게 하는 맛이었다. 장렬한 전투 끝에 터덜터덜. 이제 전봇대를 끼고 오른쪽으로 돌아가면 우리집이 나올 터였다.

"야옹."

어디에선가 고양이 소리가 들렸다. 이윽고, 또 하나의 소리가 들려왔다.

"많이 무라. 그래야 새끼도 잘 낳고 하제."

익숙한 노인의 목소리였다. '어?'하며 전봇대 뒤를 빗겨보니 우리 할머니였다. 할머니는 검은색과 흰색이 얼룩덜룩 섞인 고양이 한 마리에게 사료를 먹여주고 있었다. 그 옆에는 밑동이 터진 음식물쓰레기 봉지가 쓰러져 있었다.

"쓰레기를 와 묵노. 얼라 가진 놈이. 좋은 걸 묵으야지 좋은 아를 낳을 거 아이가."

넉살도 좋게 할머니는 집에서 국그릇으로 쓰던 스테인리스 그릇에다가 사료를 잔뜩 부어주고 있었다. 아, 그럼 지갑에서 빼간 이만 원이.

"할매, 뭐 하세요?"

"으응. 왔나."

할머니는 여전히 그 검백색 고양이에게 눈을 떼지도 않고 대답을 이어갔다.

"아이고메. 야야. 여 보그라. 배가 불룩하제? 새끼 뱄다 안카나. 새끼는 뱄는데 안에서 엄마 영양분을 쪽쪽 빨아먹어 제끼니 께니 요래 빼짝 곯아가지고 참말로…. 내가 괭이 새끼가 싫다 캐도 이래 아를 밴 괭이 새끼는 그냥 못 둔다."

"할매, 언제부터 이 고양이 본 거예요?"

"며칠 안 됐다. 집 앞에 요래요래 돌아다니는 괭이 새끼들이 있어서 내가 몽둥이를 휘둘러 재끼는데, 야는 안가데? 그래서 자세히 보니까는 밑이 불룩한 기라. 새끼 밴 기다. 아무리 미물이지만서도 지 새끼를 뱄다 카는데 내가 인간 된 도리로써 우째 매정시리 쫓아내 버리노. 뭐라도 해묵여야지. 처음에는 미역국 말아주고 놓고 갔는데 금방 식는기라. 찬 거 묵으면 애 떨어진 데이. 그래서 요 앞에 동물 병원 가갖고 일하는 아가씨한테 젤 좋은 괭이 새끼 사료 달라고 했지. 근데 참말로 비싸데. 이만 원이 뭐꼬. 땅을 파봐라 10원이 나오나."

할머니의 변명에 웃음이 피식하고 나왔지만, 그래도 '새끼 밴 고양이'를 지켜주겠다는 다른 종류의 모성이 참 따사로웠다. 고양이가 사료를 다 먹고 입을 혀로 싹 훑을 때까지 우리는 자리에 쪼그리고 앉아서 함께 고양이를 내려다보았다. 그때마다 할머니는 "아따 잘 묵는다. 하이고 이쁘게 잘 묵네." 하는 추임새를 넣었다.

"나비는 뭐예요."

"괭이 새끼가 이름이 뭐 필요하노. 그냥 나비라고 부르면 나비 인거지."

"나비, 좋네요."

"길에서 사는 놈들은 다 나비다. 나비처럼 요래조래 돌아다니면서 사니께네."

나는 매일 아침, 출근하기 전에 할머니의 방에 슬며시 들어가 할머니의 앉은뱅이책상 위에 이만 원씩 올려놓고 나갔다. 돌아와서 슬쩍 할머니방을 열어보면 이만 원이 있던 자리는 비어있고, 대신에 동물 병원용 사료의 빈 봉투가 올려져 있었다.

"나비야, 나비야."

여전히 별 보고 나가서 별 보고 들어오는 퇴근길, 할머니가 전봇대 근처에서 나비를 애타게 찾는 모습이 보였다.

"뭐 하세요 할매?"

"왔나. 나비가 안 온다. 어제까지는 왔었는데… 아 낳나?

이 추운데 길바닥에서 아 낳다가 뒤집어지는 거 아이가?"

그녀는 전에 본 적 없는 걱정 어린 표정으로 발을 동동 굴렀다. 나는 할머니와 함께 골목골목을 뒤지며 나비를 불렀다. 나비야, 나비야. 나비는 고요했고 밤은 깊어졌다. 할머니의 눈에 물기가 비치는 듯하자 그녀의 손을 꼭 잡아드렸다. 할머니 눈은 뜨끈해진 듯한데 잡은 두 손은 점점 더 차가워지는 것 같았다. 이 이상으로 무리하면 병이 나실 것만 같아 하는 수없이 집으로 들어갔다. 할머니는 대문을 열면서도 계속 뒤를 쳐다보았다. 아직 돌아오지 않은 나비를 훑는 듯이.

두 달 후, 검은 상복을 입은 친척분들이 우리 집 대문을 열었다 닫았다 했다. 집안에서는 곡소리와 함께 요단강 건너가 만나자는 찬송가가 내내 울렸다. 며칠 뒤에는 몇몇 장정들이 나무로 짠 관을 들어 검은 차에 실었다. 할머니는 검은 차와 함께 떠났다.

"야옹."

야옹? 낯익은 고양이의 목소리에 반사적으로 소리가 나는 쪽으로 고개를 돌렸다. 소리의 출처는 집으로 돌아오는 길모퉁이, 그 전봇대 아래에서였다. 할머니가 나비에게 항상 사료를 주던 바로 그 자리. 야옹야옹. 목소리의 주인공은 바로 나비였다.

"나비야!"

"야옹."

나비가 구슬프게 목소리를 뺐다. 나비의 앞에는 빈 스테인리스 그릇이 놓여 있었다. 나비는 빈 그릇 앞에서 몇 번이고 야옹야옹 거렸다. 나는 얼른 집 안으로 들어가 할머니의 방문을 열었다. 다행히 한 그릇쯤은 나올 법한 양의 사료가 남아 있었다. 사료 봉투째로 들고 나왔는데, 나비는 여전히 거기에 있었다. 나비의 그릇에 사료를 부어주었다. 후드득. 사료그릇이 채워지는 소리가 짤랑짤랑하고 나니까, 갑자기 대여섯 마리의 어린 나비들이 기어 나왔다. 나비는 몇 알 먹던 입을 거두고 나머지 사료를 어린 나비들에게 양보했다. 꼬물거리는 어린 나비들의 귀여움에 푹 빠져 있는 동안 엄마 나비의 모습이 참으로 신기했다. 할머니도 이런 나비의 모습을 보고 싶으셨을텐데.

나비들은 배가 빵빵해질 정도로 흡족하게 밥그릇을 비웠다. 그러고는 미련 없이 휙 돌아섰다. 다만, 엄마 나비는 걷다가 잠깐 멈춰 서서 이쪽을 돌아봤다. 나비는 몇 초 정도 나를 지긋이 쳐다봤다. 내가 고양이 언어를 할 수만 있다면 무슨 말이라도 할 수 있었을 텐데. 나비가 하고 싶으려던 말이 무엇이었을까. 나비와 눈을 마주치는 동안 묘한 환상이 보였다. 그의 하늘색 눈동자 속에서 나비 한 마리가 날갯짓을 하고 있었다. 할머니가 평소 자주 입으시던 몸뻬 바지와 비슷한 색상을 한 날개를 가진 나비가.

나비들은 그들만의 세상으로 흩어졌다. 이제 다시는 볼 수 없지만, 그들의 삶은 우리 할머니의 따뜻함으로 오래오래 이어질 것이라고. 나는 그렇게 믿는다.

액자

 혹시 책상에서 시선을 두기 가장 적당한 곳에 놓인 액자가 있나요. 액자란 사진과 그림을 담는 것이고 그 사진 안에는 무수히 많은 이야기가 담겨 있어요. 그러나 때론 액자에 담지 못한 사진이 있을 수 있죠. 아, 유리가 깨진 채 덮여있을 수도 있겠네요. 사진보다 더 크게 담긴 사연을 종이 위에 담아주세요.

내 모난 시선

　액자, 네모난 액자. 네모난 시선으로 담아내는 세상의 모든 장면이 내게는 하나의 액자다. 스마트폰, 노트북 화면, 책상, 영화관 스크린, 네모난 창문, 카메라 프레임이 내게는 모두 액자다.

　직사각형 책상 앞에 앉아 직사각형 창문 대신 직사각형 스마트폰으로 세상을 바라본다. 시뮬라크르처럼 직사각형이 또 다른 직사각형을 복제한다. 의자에 앉은 내가 사라진다. 화면을 바라보는 눈이 사라지고, 폰을 든 손도 사라진다. 가짜가 진짜를 정복한다. 허상이 본질을 삼킨다. 작은 액자 속으로 빨려 들어간다.

　나는 작은 화면 속에, 작은 액자 속에 갇히기를 거부한다. 더 넓은 세상을 보고 싶다. 더 큰 세상 밖으로 나가고 싶다.

타원형의 지구에서 네모난 시선으로 살아가는 나, 눈앞에 놓인 장면은 액자 크기에 불과하지만 언제나 그 너머를, 둥근 곡선 뒤 세상을 상상한다.

넓은 세상을 바라보기 위해, 큰 세상으로 나가기 위해 어떤 행동을 취해야 할까. 이를테면 늦은 새벽 노트북으로 영화를 보기보다는 이른 아침 영화관 스크린을 통해서 영화 보기, 스마트폰 화면을 엄지로 쓸어내리는 대신 열차 창문을 바라보며 세상 밖 풍경을 더듬어보기, 액자에 담긴 이국적인 야경 속 연인을 부러워하기보다 직접 여행을 떠나 카메라 프레임에 자신만의 명장면 담아보기 등이 있겠다.

그동안 액자의 크기를 좁혀 왔다. 여행지에서 방 안으로, 방 안에서 왼손에 들린 스마트폰 속으로. 세상의 이치 하나쯤 이해해보기 위해 골몰하지 않고 내면 속으로 매몰했다. 모두가 잠든 새벽, 방에 틀어박혀 혼자만의 철학을 만들어낼 때면 나 스스로가 니체가 된 것 같은 착각에 빠지곤 했다. 그렇게 망치를 들고 신은 죽었다며 무언가 큰 선언을 외치고 싶었지만 가위에 눌린 것처럼 목소리를 밖으로 내지 못했다.

그렇게 액자 크기는 점점 작아졌던 것이다. 작아질수록 삶의 정수를 담아내는 것이라고 스스로에게 위안의 말을 했다. 밀가루를 체에 거르고 거르면 고운 입자만 남는 법이라고 되뇌었다. 하지만 위안과 착각도 잠시, 나를 기다리던 것은 삶 속의 수많은 풍파였다. 비가 내리고 바람이 몰아쳐 고운 가루는 축축하게 젖고 쓸모없는 반죽이 되어버렸다.

    누군가는 말했다. 현시대를 살아가는 사람들이 진정한 미니멀리스트가 될 수 없는 이유는 가져보지 못한 자들에게 우선 비워내기를 강요하는 모순 때문이라고. 내가 삶을 단순하게 바라보지 못하는 것도 이와 비슷하지 않을까. 방 안이 물건으로 가득 찬 사람만이 비워내는 방법을 터득할 수 있는 것처럼, 복잡함을 모르는 사람은 단순함을 알 수 없었다.
    좁아진 시선과 작아진 액자는 휴대하기 편했다. 자신을 돌보는 데 많은 품이 들지 않았다. 남들보다 왜소한 체격을 가진 내가 '머리 조심' 안내 문구를 가뿐히 무시해도 됐듯, 삶은 축소될수록 편리한 점도 있었다. 하지만 좁아진 시선으로 인해 작아진 액자는 옷장을 비워내거나 더 이상 신지 않는 신발들을 정리하는 것과는 결이 달랐다. 가벼워지기를 원해도 신발까지 벗어던지고 거친 아스팔트 위를 걷기란 어려운 법이었다. 좁은 시야로 살아가는 것도, 좁은 액자에 나를 가두는 것도 거친 세상을 살아가기에는 다소 어려운 삶의 방식이었다.

내 모난 시선으로 담아낸 세상의 모든 장면은 사실 그 크기와 상관없이 아름다운 것일지도 모른다. 전시장 한 면을 가득 채운 작품이나 작은 액자에 담긴 작품의 가치가 크기로 결정되지 않듯 말이다. 그렇다면 우리들은 자기에게 어울리는 액자의 크기가 있지 않을까. 크다고 좋은 것이 아니고, 작다고 나쁜 것이 아닌. 단지 내가 바라는 건 스스로를 액자 속에 가두지 않았으면 하는 것이다. 액자에 담아두기에 둥근 세상은 너무나도 넓다. 네모난 액자에 가둬두기에 우리는 너무나도 큰 사람들이다.

액자 속에 들어있는

　우리 집 거실에는 액자가 있어요. 어떻게 생겼냐면은 무지무지 커다래요. 우리 집에 이사 올 때 이삿짐센터 아저씨가 액자를 두 손으로 번쩍 들었는데 아저씨가 옆으로 비껴가면서 이놈아 좀 비키라고 투덜대길래 올려다보니 하늘이 다 가려지는 거 있죠. 액자가 하늘을 가리니까 온 세상이 전부 깜깜했어요. 마치 꼬박 하루가 지나서 밤이 된 것만 같았어요. 나는 조그맣고 키가 작지만 어른이 되어도 액자가 커다랄 것이라고 생각하고 있었어요.

　액자는요 테두리가 황금색으로 멋있게 빛이 나요. 거실에 들어오려면 현관에서 신발을 벗고 한 세 발자국쯤 걸어야 하거든요. 그렇게 한 발, 한 발, 한 발. 딱 세 걸음만 걸으면 황금색 액자 앞에 서게 되어요. 또 재밌는 사실을 하나 알려줄게요.

액자 양 귀퉁이마다 파마한 것처럼 뽀글뽀글한 장식이 올록볼록 달려있어요. 그런 것들이 액자를 더 멋있게 만든다는 어른들의 착각이죠. 액자는 액자일 뿐이에요. 진짜 멋있는 것은 그런 것들이 아니라 그 속에 들어 있는 사람들의 표정이에요.

김치 치즈 스마일 찰칵. 나는 어색하게 웃었어요. 슬쩍 옆으로 쳐다보니 엄마 아빠는 세상에서 가장 행복한 사람인 것처럼 환하게 웃고 있었어요. 평소에 이렇게 자주 웃어주면 내 마음이 얼마나 따뜻할까요. 아무튼 엄마 아빠가 입을 쫙 벌리고 미소짓는데, 나는 쭈뼛쭈뼛거리며 망설였어요. 사진사 아저씨가 자아, 이쪽 보고 김치!라고 여러 번 말했지만 나는 좀처럼 웃지를 못했어요. 엄마 아빠가 그제서야 제 얼굴을 들여다보셨는데 왠지 평소와 다른 분위기가 너무 싫고 어색해서 그만 울어버리고 말았어요.

무엇보다도 비비, 내가 가장 사랑하는 강아지와 함께 사진을 찍을 수 없어서 더 속상했어요. 비비는 아주 멋진 개예요. 이름도 유명해요. 골든 레트리버래요. 비비는 황금보다 더 반짝반짝거리는 털을 가졌어요. 비비의 눈은 어두운 밤만큼 새까만데 날 쳐다볼 때에는 언제나 깜빡거리는 별 같았어요. 비비의 키는 나보다 조금 더 작아요. 우리는 같이 자랐어요. 비비가 나보다 1살 적지만 덩치는 더 커요. 비비는 나랑 같이 가족이에요.

그런데 가족사진을 찍는데 비비가 없어요. 왜 비비는 가족사진을 찍을 수 없는 거지. 비비도 우리 가족이잖아. 나는 떼를 쓰며 엉엉 울었어요. 그랬구나, 비비가 보고 싶었구나, 울지마 울지마. 엄마는 나를 끌어안으면서 등을 토닥여주었어요. 비비, 사랑하는 내 동생 비비를 집에 두고서 가족사진을 찍다니요. 비비 없이는 가족사진이 완성되지 못해요. 비비가 있어야 진짜 가족끼리 사진을 찍는 거라니까요.

한참을 울고 있으려니까 배가 고팠어요. 엄마 품에 안겨 있으니까 꼬르륵거리는 소리가 더 크게 들리는 것만 같았어요. 엄마도 배가 고파서 나랑 똑같은 소리를 내는 걸까요. 내가 엄마의 어깨를 적시는 사이에 아빠는 사진사 아저씨한테 죄송하지만 식사 좀 하고 다시 올게요 라며 겸연쩍게 웃었어요. 그러시죠 뭐 시간이 애매하니까요 하고 사진사 아저씨는 나에게 사탕을 쥐여 주었어요. 나는 사탕을 먹지 않고 호주머니에 넣어 버렸어요. 그런데 엄마랑 아빠가 무어라 속닥속닥

거리는 게 보였어요. 아빠가 인사도 않고 어디론가 휙 나가버렸어요. 사진관에는 엄마랑 나랑 사진사 아저씨만 남았어요.

    엄마는 내 손을 잡고 사진관을 나왔어요. 사진관 옆에는 햄버거집이 있었는데 우리는 거기에 가서 맛있는 햄버거를 먹었어요. 오늘은 특별히 콜라를 마셔도 된다고 해서 마음껏 꿀꺽꿀꺽 마셨지요. 맛있게 햄버거를 먹고 있는데 엄마 핸드폰이 징징 울렸어요. 아빠 전화였어요. 엄마가 전화를 끊더니 다시 사진관에 가야 할 시간이라고 했어요. 나는 조금 더 시무룩해졌어요. 사진관으로 돌아가는 길이 왜 이리도 멀게 느껴질까요. 우리 집에서 우주까지만큼 멀리멀리 느껴져요.

    사진관에 들어갔더니 멍멍하는 소리가 들렸어요. 목소리의 주인공은 바로 비비였어요! 나는 엄마 손을 놓고 부리나케 뛰어갔어요. 멍멍! 멍멍! 비비의 목을 끌어안고 싱글벙글 웃었어요. 내 동생 비비는 꼬리가 떨어져 나갈 만큼 세차게 흔들어댔어요. 비비는 제 얼굴을 할짝거렸어요. 얼굴이 온통 침 범벅이 되었지만 괜찮았어요. 비비니까요.

    이제 다 되었어요. 우리는 사진을 찍었어요. 엄마, 아빠,

나, 그리고 비비까지도요! 비비가 함께 해야 진짜 우리 가족 사진이 되는 거예요. 며칠 후에 집으로 커다란 액자가 왔어요. 엄마 아빠가 액자를 감싸던 비닐을 벗겨내니까 세상에서 제일 멋있는 가족사진이 나타났어요. 엄마 아빠는 더 밝게 웃고 있었고, 내 뒤에 서 계셨어요. 나는 비비를 내 무릎에 앉히고 있고, 비비는 개구쟁이 같은 표정으로 혓바닥을 다 드러내며 웃고 있었어요. 정말이지 세상에서 우리 가족이 제일로 행복해 보였어요.

액자는 아직도 거실에 걸려 있어요. 이제는 현관에서 세 발자국까지 걸을 필요가 없어요. 구두를 벗으면 한 걸음에 도착할 수 있거든요. 아직 문밖에서 또각또각 소리 나는 구두 소리가 들려올 때쯤이면 비비가 달려왔었어요. 현관문을 열면 비비가 와락 안기려 뛰어들었어요. 비비는 여전히 개구쟁이였어요. 사진관에서 본 그 개구쟁이 모습 말이에요. 나는 비비를 올려다보곤 했는데, 어느 순간부터 비비보다 키가 더 커져서 비비를 아래로 내려다보게 되었어요.

예전보다는 액자 테두리의 황금색이 조금 덜 빛나는 것 같아요. 이걸 세월이 흘렀다고 말한대요. 그렇지만 비비는 액자 속에서 액자보다 더 빛나는 웃음을 짓고 있어요. 비비가 이때만큼이나 지금도 웃고 있더라면 얼마나 좋을까요. 액자가 걸려있는 벽 밑에는 비비의 밥그릇이 놓여있던 흔적이 하얗게 남아 있어요. 거실 바닥은 때가 타서 조금 누렇거나 까맣거나 그런데, 비비의 밥그릇과 물그릇이 있었던 자리만은 새하얗게 남아 있어요.

마음이 쓸쓸해질 때면 액자를 봐요. 액자 속에 들어 있는 우리 가족사진을 봐요. 우리들은 비비와 함께라서 아주 즐거운 표정을 짓고 있어요. 비비도 사진 속에 남아서 웃고 있어요. 액자 속에 들어있는 내 동생은 여전히 기쁘고 즐거워 보여요. 나는 조금 쓸쓸해지는데 비비는 즐거운 표정이에요. 비비는 액자 속에 들어있어요. 비비는 사랑스러운 우리 가족이에요. 다음에 우리랑 같이 산책을 나갈 거예요. 거기서는 다리를 절뚝거리거나, 아프다고 낑낑거리거나, 아니면 차가운 도자기에 담아지거나, 엉엉 울어버리거나, 그리고 이렇게 서글퍼지는 날이 없을 거예요. 우리는 다시 만날 거예요. 그때도 가족사진을 찍을 거예요. 비비는 씩씩한 모습으로 달려올 거예요. 나는 믿어요. 비비와 사진을 찍을 수 있으리라 믿어요.

액자 속에는 내 동생 비비가 있어요.

외면하지만 외면할 수 없는

"가족사진 하나 찍어서 걸어놔야 하는데."
"다 같이 시간 맞춰서 집 앞에 있는 사진관 가서 찍으면 되죠, 아빠."

아버지는 잊을 법하면 거실 한가운데 빈 벽을 보며 이렇게 말씀하셨다. 카메라 기능이 있는 핸드폰이 보급되기 한참 전부터 사진 찍기가 취미였던 아버지는 늘 카메라를 손에 쥐고 계셨다. 아버지는 내가 태어난 해인 1993년부터 본격적으로 카메라에 관심을 갖기 시작하셨다고 한다. 어린 시절 내가 기억하는 아버지의 모습은 버건디 컬러의 가죽 케이스를 끼운 니콘 카메라를 목에 건 채 한쪽 눈을 불편하게 찡그리며 연신 언니와 내 모습을 담는 모습이었다. 골프는 사치라며 친구들의 권유에도 한 번도 라운드에 나가지 않았던 아버지였다. 하지만 카메라 렌즈에는 꽤 큰돈을 고민 없이 투자하곤 하셨다. 새로운 렌즈를 방 한쪽에서 구부정한 자세로 닦고 있는 아버지를 보며 어머니는 이번엔 또 얼마짜리를 산 거냐고 소심한 잔소리를 하시곤 했다. 아버지는 예나 지금이나 여러 면에서 꽤 고집스러운 성격을 가진 분이신데, 아버지의 그 꺾을 수 없는 고집을 잘 알고 있던 어머니였기에 한 번도 아버지의 조용하지만 요란했던 그 취미생활에 큰 소리를 내신 적은 없었다. 여행지에서 아버지가 찍어주시던 소위 말하는 본인의 '인생샷'이 꽤 마음에 드셨기에 내심 아버지의 취미를 응원하셨는지도 모른다. 그도 그럴 것이 지금도 안방과 거실엔 아버지가 찍은 엄마의 인생샷들이 곳곳에 놓여있다. 늘 아버지가 가족사진을 걸어 두고 싶다고 말씀하셨던 거실 벽면 한가운데를 제외하고 말이다.

카메라 회사에서 제작한 듯한 월간 잡지가 매달 초 어김없이 집으로 도착했다. 검정 테두리에 흰색으로 제목이 쓰여있는 에이포 사이즈의 잡지였는데 이름은 생각이 지 않는다. 인물 사진 잘 찍는 법, 날아가는 새를 포착하는 법, 움직이는 아이를 잘 찍는 법, 하얀 눈이 쌓인 겨울 풍경을 담는 법 등이 예시 사진들과 함께 상세히 적힌 잡지였다. 잡지를 다 보시고 나면 늘 책장 한쪽에 쌓아 두셨는데, 여행지가 정해질 때마다 필요한 정보가 들어있는 호를 꺼내 펼쳐보시곤 했다. 인정하긴 싫지만 그토록 우리 가족을 피곤하게 만들었던 아버지의 고집 센 성격조차 닮은 나는 취미까지 그를 닮았다. 대학생이 된 내가 주변의 만류에도 불구하고 조금씩 모은 돈으로 가장 먼저 산 물건은 캐논 100D DSLR 카메라 바디와 두 개의 렌즈였다.

늘 사진을 찍어 주기 바빴던 아버지가 인화된 사진 속에 본격적으로 등장하기 시작한 것도 내가 카메라를 들고 다니기 시작하면서부터이다. 아버지가 찍는 것뿐 아니라 찍히는 것을 참 좋아하는 분이라는 걸 뷰파인더 속 행복한 아버지의 표정을 보고 깨닫곤 했다. 포즈를 취하고 내 카메라 렌즈를 바라보는 표정에는 즐거움과 이유를 알 수 없는 뿌듯함이 담겨있었다.

아버지는 내가 여행을 다녀오면 어김없이 자신의 솔과 천으로 내 카메라를 청소해 주셨다. 서로 찍은 사진을 함께 보며 '이럴 땐 사람을 조금 더 왼쪽에 두면 더 멋있지.' 하며 사진을 더 잘 찍는 법에 대해 족집게 강의를 해주거나 조리개

값과 셔터스피드를 조절하는 법을 신나게 설명해 주시곤 했다. 나와 카메라를 사이에 두고 이야기 나누는 아버지의 모습은 행복해 보였고 나는 그런 아버지의 모습을 더 자주 보고 싶은 마음에 인터넷에 찾아보아도 될 것을 굳이 아버지에게 가서 물어보곤 했다. 그때의 난 내가 아버지에게 행복을 줄 수 있는 존재라는 사실로부터 오는 뿌듯함과 엄마와 언니는 가질 수 없었던 아버지와의 유대감으로부터 오는 어떠한 우월감을 꽤나 즐기고 있었던 것 같다.

작년 가을 언니는 결혼을 했다. 번듯한 직업이 있는 상태로 큰 딸을 시집보내고 싶어 하셨던 아버지는 언니가 결혼한 지 얼마 지나지 않아 30년을 다니신 직장을 그만두셨다. 마지막으로 카메라를 들고 아버지와 외출을 한 건 이년 전 봄이었다. 벚꽃이 핀 성곽길을 따라 언니와 나, 아버지는 셋이 그저 걸으며 연신 사진을 찍었다. 아버지는 언니와 내 모습을 담기 바빴고, 나는 언니를 찍는 아버지의 모습을 카메라에 담기 위해 둘과 한 발자국 떨어져 걸었다. 우리 셋은 해가 질 때까지 한적한 성곽길을 걷고 또 걸었다. 아버지는 그날 유독 언니의 사진을 많이 찍었다. 곧 누군가의 아내가 될 맏딸의 사진을 열심히 찍고 또 찍었다. 허리를 굽히고 한쪽 눈을 찡

그린 채 정성껏 언니를 찍는 아버지 앞에서 언니는 평온한 미소를 지었다.

아버지는 여전히 사진을 찍으신다. 행복한 표정과 함께 카메라 앞에서 장난스런 포즈를 취하기도 했던 아버지는 재작년 봄 성곽길을 걸었던 그날 이후 다시 찍히는 사람이 아닌 찍는 사람이 되었다. 아버지와 함께 카메라를 사이에 두고 대화를 나눈 것도 그해 봄이 마지막이었다. 퇴직 후 아버지는 가족과 함께 카메라를 들고 여행할 수 있는 시간이 더 많아졌다. 하지만 나는 이제서야 이토록 무거운 삶의 무게를 감당해 내며 매일을 살아내느라 아버지를 마주하기조차 어려워졌다.

거실 벽 한가운데가 여전히 덩그러니 비워져 있다. 새로운 사진들이 비어진 공간 주변으로 하나씩 놓여져있다. 언니가 결혼을 하고 나서 아버지는 그 뒤로 더 이상 가족사진을 찍고 싶다는 말씀을 하지 않으신다. 나는 출근길 집 앞 사진관을 지날 때마다 쇼윈도에 전시된 남들의 가족사진을 애써 외면한다.

기억 세우기

 추억은 아무것도 아닌 일에서부터 쌓여간다. 노을, 바람, 그날의 온도, 옅은 미소, 우연한 스침, 좋아하는 말투, 신선한 단어, 새콤한 귤, 포근한 스웨터, 낡은 신발, 발자국 소리, 공원의 벤치, 오래된 성곽, 흐르는 눈물, 즐겨듣던 노래.

 우연의 일치로 나만 알아듣는, 나만 이해하는 그런 기억의 파편들이 일상에서 겹쳐질 때 가끔 훅 심장을 멈추게도, 찌르고도 간다. 어제 무엇을 먹었는지도 모를 만큼 바쁜 삶이지만 이런 건 잊혀지지도 않는다. 28일, 30일, 31일의 여러 마지막 날에 다 털고 1일에는 리셋 되어 더 좋은 것들로 채울 수 있을 줄 알았는데, 다 부질없다.

세월이 더할수록 기억의 무게도 무거워진다. 중력의 힘이 아니더라도 나는 그 무게에 의해 땅에 깊이 박히고 있다. 봉인하고 뜯지도 않을 이야기는 여기까지만 하려고 당신과 찍은 사진의 액자를 엎었다. 감정을 조각조각 내서 쓸모 있는 것만 가슴에 담는다. 당장에 쓸모 있는 것은 냉철함이나 굳건함 같은, 주로 이성에 가까운 것들이다. 그런 것들로 채워나가다 보니 점점 웃음기가 사라진다. 버튼을 누르면 정답이 쏟아지는 로봇이 되는 것 같다. 하하하, 엉엉엉 같이 프로그래밍 된 감정들만 나올 뿐이다.

　이게 실은 당신 때문이다. 이렇게 당신 탓을 하는 걸 보니 아직도 나는, 또, 당신 탓을 핑계로 당신을 생각하고 있나 보다. 여전히 당신이 보이나 보다. 액자를 엎어도, 감정을 조각내도 중력을 거스르고 자석에 이끌리듯 이어지는 당신과의 기억이 다시 선명해진다.

　길을 걸었다. 그런데 당신과 함께 걷던 길을 피하려다 보니 갈 곳이 없다. 갈 곳도 없는데 비가 온다. 그래, 비련의 여주인공 코스프레 하기에는 이만한 조건이 없다. 당신과의 이야기들이 비에 씻겨 내려갔으면 좋겠다. 비를 피해 서둘러 지나치거나 우산 안으로 서 있는 사람들이 많아 내 외로움을 들킬 일 없어 좋은 날이다. 이렇게 나는 비를 맞고, 당신은 뭐라도 하고 있겠지 생각해 본다. 뭘 하고 있을까? 비 오는 날에 당신은 뭘 했더라? 기억이 나지 않는다. 비를 좀 더 맞아봐야겠다.

고개를 숙이고 가는데 낯익은 발자국 소리가 옆을 스친다. 당신이다. 당신인데, 나를 외면하고 커다란 우산을 어깨에 걸어 메고 지나가고 있다. 분명히 당신인데, 나를 그저 지나쳐갔다. 달렸다. 나는 달려 당신 앞을 가로막았다.

"당신….'"

보았다. 외면하지 않고 정면을 똑바로 보았다. 모습은 당신인데, 당신이 아니었다. 마치 내가 존재하지 않았던 시절의 얼굴로 나를 내려다보고 있었다. 앞을 가로막은 내게 우산에서 떨어지는 빗방울이 내 머리에 떨어지는데도 미동 없이 그저 나를 내려다보고 있었다. 차라리 옆에 누군가라도 있었다면 더 쉽게 용서가 되었을까? 나를 모르는 그는 다시 가던 길을 갔다. 옆을 보지도 뒤를 돌아보지도 않는 당신이 사라져가는 걸 나는 끝까지 지켜봤다.

내가 무엇 때문에 당신을 보게 되었는지 알게 됐고, 내가 무엇 때문에 당신을 보내게 되었는지 알게 되었다. 한동안 눈을 감은 채 귀를 닫은 채 당신을 알고 있다고 까불었다. 이렇게 똑바로 보면 알게 되는 실체를, 나는 그동안 내가 보고 싶은 것만 보다가 내 발에 걸려 넘어져 피를 흘렸다. 이제 툭툭 털고 일어나 울기를 멈추고 웃으면서 손을 흔들며 잘 가라고 인사하겠다. 어렵지도 않은 짧은 인사를 오래도 간직했다. Good bye.

사랑이었을까 되묻지 않겠다. 액자를 세웠다. 사진을 뺐다. 겨우 떼어낸 당신을 휴지통에 버렸다. 그리고 고운 엽서 하나 액자에 담았다.

이 글은 당신이 보고 싶었던 소설의 시작일 수도, 중간 어느 부분일 수도, 열린 결말일 수도 있다. 글을 읽는 당신의 마음이 어디쯤 와 있는가에 따라 이야기는 달라질 것이다.

액자 이야기

책방에서 글을 한 편 제출하고 나서 사장님이 추천하는 국밥집에 들러 저녁을 먹었다. 책방으로 복귀한 저녁 여섯 시 무렵, 남아있는 주제들을 생각하다 한 가지 아이디어가 떠올라 책방지기에게 물었다.

"최종 마감이 언제까지였죠? 갑자기 아이디어가 생각나서요."

"이번 주 일요일까지입니다. 후다닥 써보시죠."

"형식에 대한 아이디어라 내용은 아직 없는데… 가능할까 모르겠네요. 그러니까, 액자형 이야기를 써보면 어떨까 했거든요."

"프레임 안에 프레임 안에 프레임이군요?"

"네, 그것도 액자잖아요."

그렇게 대화는 싱겁게 끝이 났고 나는 다음과 같이 써 내려가기 시작했다.

'액자 안에도 액자를 생각하는 사람들이 있어요. 자신이 담긴 액자 속 풍경과 꼭 닮은 작은 액자를 만드는 사람들이죠. 사람들은 등장인물일 뿐인 그를 비웃겠지요. 하지만 비웃는 그 사람들을 누군가 또 비웃고 있을지도 몰라요.'

'안에서 액자를 생각하는 그 사람들을 뭐라고 불러야 할까요?'

내 안의 누군가 뻔한 질문을 던진다.

'세상이라는 액자 안에서 작은 액자 같은 이야기를 만드는 사람들, 그러니까 작가들이죠. 독자는 그런 작가들이 만든 수많은 액자 속에서 자기 삶과 닮은 액자를 찾아 헤매는 존재들이고요.'

기다렸다는 듯 나는 대답으로 글을 이어나갔다.

'작품 속에서 자신의 삶을 발견하고 그렇게 자신을 긍정하려는 욕망이 읽기를 위한 동력 중 하나라는 건 인정해요. 하지만 낯선 삶을 만나고 배우기 위해 읽는 사람도 있잖아요? 책만이 줄 수 있는 경험을 너무 무시하는 것 아닐까요?'

뻔한 질문을 던졌던 자가 이번엔 뻔한 반박을 해온다.

'글쎄요. 물론 책을 읽는 경험으로 한 사람이 성장하는 걸 부정하는 건 아니에요. 하지만 그렇게 접하는 세상이 독자의 삶과 닿아있지 않다면 달라지는 건 없을 거에요. 오히려 현실에 발붙이고 살아가기 힘든 성격이 될 뿐이죠.'

'아, 종종 그런 경우가 있긴 하죠. 세상을 책으로만 배운 케이스.'

이번엔 뻔한 공감의 반응을 보이는 그.

'역으로 제가 한번 물어볼게요. 그렇게 세상을 책으로만 배운 사람에 대해 작가는 어떤 책임이 있을까요?'

'그런 걸 신경 쓸 정도면 작가를 하긴 힘들지 않을까요? 안그래도 먹고 살 걱정으로 머리가 아플텐데….'

뻔한 그가 당황한 듯한 표정으로 반문했다.

'오 의외로 날카로운 구석이 있네요. 하긴 글 써서 먹고 살 생각을 하면 이런 고민은 사치겠어요. 일단은 팔려야 읽힐 테고 읽혀야 읽은 사람 걱정도 할 수 있는 거죠. 그런데, 사람들이 많이 읽는다는 글 중에도 그런 고민 없이 쓴 티가 나는 경우가 있지 않나요? 그런 거에 비하면 꽤 괜찮은 시작일 수도 있겠네요?'

'네? 뭐가 괜찮은 시작이라는 건가요?'
그가 되묻는다.

'사실 이번에 제가 우연히 글 쓸 기회가 생겨서 글쓰기를 하고 있거든요. 뭐 처음이라 엉망이긴 한데 지금은 그냥 눈 딱 감고 써 내려가는 중이죠. 그러니까… 이 글이 벌써 여섯 번째던가? 처음 글 써서 제출했을 때는 머리가 너무 아프더라구고요. 내리 일곱 시간을 썼으니까요. 퇴고는커녕 다시 들여다보기조차 싫었어요. 얼마 뒤 피드백 조금 듣고 난 후에는 부담감 때문에 더 이상 못쓰겠다는 생각도 들더라고요. 게다가 요즘은 프로젝트가 거의 마무리 단계라 쓸만한 주제는 이미 다 써서 남은 게 별로 없어요.'

'잠깐만요. 이게 당신이 쓰는 글이라고요?'

'제가 얘기 안 했던가요. 맨 앞부분에 써놓은 것처럼 이건 제가 쓰고 있는 글이에요.'

'그렇군요…. 그럼… 전 뭔가요?'

그의 물음에 나는 한참을 고민하다 다음과 같이 적었다.

액자 안의 작가

내 글쓰기를 도와주는 상상 속 뮤즈

그리고 언젠가 만나게 될 날을 기대하는

당신이라는 독자

캡처

하얀 입으로 짓는 표정을 박제하는 어린 연인

빌딩과 나무를 자르고 대교와 해를 남기는 엄지와 검지

개들을 달리게 하는 깃털의 티키타카

쌍시옷 받침의 선어말 어미를 주문처럼 내뱉는 아이들
그래도 내일은 와

우리는 모두 풀 안에 있습니까?

어쩌다 호랑거미라도 보면
괴성부터 지르는 입장으로
오염에 대해 잘도 이야기하며

계절에 관해 가장 늦게 흥분하는
우리는 그래도 잘해요
진위 여부를 떠난 말

우쭐하는 폼이 식물들에게 얼마나 순진무구해 보이는지 모른 채
관찰자 시점으로 거듭되는 입장 표명

엄마의 꿈에 나왔던 태어나기 이전의 내가
보행로에서 무성한 풀 사이로 사라지는 한낮

놀라게 해서 미안해요

입장은 반드시 허락과 함께 할게요

지켜지지 않은 약속에게 이름을 뺏지 않는 마음으로

의미

그런 의미에서 책방입니다. 당신에게 가장 의미 있는 것은 무엇인가요. 의미라는 단어로 그것을 담을 수 있나요. 한동안 제게는 여러분들의 글이 가장 의미 있을 겁니다.

그냥 이소라 이야기

어느 글을 쓰던 중 책방에서 익숙한 목소리의 팝송이 흘러나왔다. 쓰던 글을 잘 덮어두고 새 창을 열었다. 그러니까 오늘은 이소라.

이십 대 초중반에는 몇 개의 밴드를 거치며 음악을 했다. 분노와 슬픔으로 생생한 곡을 만들고 합주를 하고, 공연장 위에 서는 날들이 귀하고 소중했다. 다만 합이 잘 맞던 밴드 생활과 달리 나의 음악적 취향은 멤버들과 어긋났는데, 그들은 발라드를 많이 듣는 나를 자주 못마땅해하곤 했다. 그러다가 친구의 친구로 소개받은 D를 만나 이런저런 이야기를 나누게 됐다. D는 이소라를 좋아한다며 영상 하나를 보여주었는데, 라이브 중에 고개를 숙이고 눈물을 흘리다가, 이내 마음을 다잡고 다시 노래하던 그녀의 모습이 오래 기억에 남아 있다.

목소리로만 기억하는 이소라의 얼굴을 처음 본 건 한때 유행하던 음악 경연대회 프로그램에서였다. <바람이 분다>를 부르며 처음 등장한 이소라는 시간이 지날수록 지쳐갔다. 종종 완전히 무너지는 모습도 보였다. 경연이라는 형태에 심한 부담감을 느끼는 것 같았다. 방송을 보던 사람들은 다 알겠지만, 상위권에 올라 탈락을 면하기 위해서는 평가단의 뇌리에 박힐 강렬한 인상이 필요했고 어느 순간 고음과 퍼포먼스를 필두로 한, 귀를 지치게 하는 노래들이 반복되었다. 이소라가 하차한 뒤로 나는 그 프로그램에 관심을 완전히 거두었다.

시간이 꽤 지난 어느 날, 호주에서 진행된 특집 방송에 이소라가 출연했다는 소식을 들었다. 방송을 켜자 어느 가수가 마이크를 두 손으로 움켜쥔 채 구슬프게 아리랑을 부르고 있었다. 호주에 거주하는 교포들에게 바치는 노래라고 했던 것 같다. 나는 그렇구나 하면서도 약간 애매한 기분이 되어 그 광경을 바라보았다. 방송을 켜 두고 이런저런 할 일을 하던 중 이소라의 차례가 왔다. 그녀는 피아노 한 대의 연주에 맞춰 이현우의 <슬픔 속에 그대를 지워야만 해>를 부르기 시작했다. 교민으로 이루어진 청중단을 의식했다면 좀 더 '똑똑한' 선곡을 할 수도 있었을 텐데. 그러나 그 생각은 얼마 가지 않았다. 그녀는 노래를 통해 사람들에게 이런 말을 건네는 것 같았다.

'네가 무엇을 원하는지 나는 몰라. 그러니까 내가 할 수 있는 걸 할게. 내가 줄 수 있는 것 중 가장 귀한 걸 줄게.'

경연이 끝난 뒤 순위를 기다리는 자리에 이소라는 보이지 않았다. 공연이 끝난 직후 바로 떠났다고 했다. 내가 모르는 이유가 있었을지도 몰랐지만, 이소라답다는 생각을 했다.

그 뒤에도 그녀는 종종 나의 삶에 발을 디뎠다. 찾아온 이별을 감당하지 못하던 스물다섯, 연남동을 하염없이 거닐었던 적이 있다. 골목에서 골목으로, 누구를 만나고 싶은지, 마주치고 싶은지 궁금하지 않던. 걷고 있지만 명백히 나를 팽개쳐두고 걷게 하던 날들. 바닥만 보며 걷던 어느 길목에서였다. 내 앞에 걷던 여자가 노래를 흥얼거리는 소리에 고개를 들었다. 익숙한 가사. 사랑이 아니라 말하지 말아달라는 염원 가득한 그 노래. 이소라의 노래. 골목 모퉁이에서 그녀는 옆길로 걸음을 옮겼다. 나는 잠시 생각하다가 왼쪽 골목으로 향했다. 아무 일도 일어나지 않았고 나는 그날 이후로도 오래

앓았지만, 그날 내 안의 무언가 변화했고, 어떤 기점 같은 게 되었다는 걸 시간이 지나 깨달았다.

    오랫동안 잘못 생각해 왔다. 늦은 만큼 시시때때로 나아져야 한다고. 또 나아가야만 한다고. 그러나 요즘은 자주 멈추어서서 정말 그게 맞는 걸까 되묻는다. 사랑받는 노래 속 화자들은 곧잘 퇴행을 거듭하고, 아주 오랫동안 한 곳에 멈추어 있기도 한다. 힘듦을 토로하고 누구를 원망하거나, 어떻게 할지 도무지 모르겠다는 의문으로 끝나는 가사. 그 노래들이 사랑받는 건 깨달음을 주어서가 아닐 거다. 그게 현재, 혹은 지난날의 잊을 수 없는 기억이고, 그 시간을 마주할 때 되려 평화가 찾아오기도 하는 게 아닐까. 마음 편히 조금만 더 이 자리에 멈춰서 있자. 되풀이되는 감정이 있다면 사라질 때까지 지켜보자. 괜찮으니까. 이것은 위로가 아니라 또렷한 사실.

    언젠가 썼던 문장처럼. 의미는 존재하는 자에게 주어진 유희니까.

나의 친애하는, 사랑하는 것들

혼자가 된 날을 기억한다. 7년의 연애가 끝났던 날, 나는 아무것도 없는 들판에 나체로 서 있는 느낌이었다. 혼자 해야 할 것들이 너무 많았다. 7년간 나의 모든 것은 연인과 함께였고 연인과 함께하지 않은 것은 무의미하다고 생각했다. 성인이 되고 처음으로 혼자가 된 날 나는 부끄러움과 해방감, 두려움을 동시에 느꼈고 앞으로의 나를 무엇으로 채워야 하나 불안과 동시에 설레었다. 7년 동안 나의 의미는 연인이었는데 둘이 채우던 내 스케치북을 혼자 어떻게 채워야 하나 끊임없이 고민했었다.

처음에는 여행이었다. 이별을 결심한 그날, 나는 비행사 앱을 켜서 가고 싶었던 여행지 비행기를 예약했고, 그날 바로 휴가를 썼다. 전 애인이 나의 여행을 막았느냐고 물으면, 전혀 아니다. 오히려 그 반대라고 할 수 있다. 그래도 나는 전에 느낄 수 없는 해방감으로 티켓을 끊고 여행을 다녀왔다. 그리고 생각했다. 내 인생의 의미는 여행에서 찾는 거구나. 더 넓은 세상에 떨어진 나. 낯선 사람들 사이에서 돌아다니는 나. 새로운 것을 도전하는 나. 그래서 여행을 갔을 때를 나의 '진짜 인생', 여행을 기다리고 준비할 때의 나를 '가짜 인생'이라고 생각했었다. 그러나 매번 여행을 떠나는 건 불가능한 일이다. 꿈같은 여행은 현실이 있기에 떠날 수 있다. 꿈에만 머물러 있으면 그건 몽유병과 다를 게 없다. 여행을 준비하는 기간도 내 인생이고, 돌아올 집도 현실도 모두 내 의미 있는 인생이라는 생각이 들기 시작해 그다음부터는 내가 좋아하는 것들을 찾기 시작했다.

헤어지고 몇 달 뒤, 나의 최애가 라디오를 시작했다. 더이상 슬프고 허망한 게 문제가 아니었다. 나는 최애의 라디오에 내 사연을 매일매일 보냈다. 채택되는 날도 있고 안되는 날도 있었지만, 매일매일 보냈다. 나중에 안 사실이지만, 라디오 사연은 '기-승-전-결'이 중요하다. 짧은 문자 메시지 안에 저 네 가지가 다 들어있어야 하고, 라디오 시간대는 저녁이었기 때문에 약간의 감성과 교훈도 있으면 더 좋다. 그 당시 나는 문장력이 없어 정해진 분량의 메시지에 내 사연을 다 담지 못했다. 문장력을 길러야 하는데…. 그래서 독서와 필사를 시작했다. 최애의 라디오 사연에 채택되고 싶어서 필사를 시작하다니. 어이가 없지만, 당시엔 진심이었고 하루가 급했으므로 정말 열심히 책을 읽고 필사를 했다. 그리고 결과는 성공적이었다. 필사를 시작한 이후로 나는 최애의 라디오에 많게는 일주일에 4번, 적어도 일주일에 꼭 한 번은 내 사연이 소개되었다. 사연이 소개되면 나는 이 세상 모든 것을 가진 기분이었다. 일주일에 4번이나 채택되어도 설렘은 줄어들지 않았다. 가끔 생방을 못 듣고 다시 듣기를 할 때 지나간 내 사연이 나오기도 했는데 사무실에서 몰래 이어폰을 꽂고 최애의 목소리로 읽는 내 사연을 들을 때면, 마치 최애와 사무실에서 비밀연애라도 하는 기분이었다. 이 지독한 덕질은 최애가 목 상태로 인해 라디오를 하차하게 되면서 휴덕기(덕질을 쉬는 기간)로 들어갔다.

여담이지만 분야가 어떤 것이든, 덕질하는 사람들을 좋아한다. 덕질하는 사람 눈에는 은은한 광기가 흐른다. 나도 마찬가지였다. 이 어이없는 필사를 시작으로 지금은 최애의 라디오가 끝났지만, 계속해서 필사와 독서를 병행하고 있다.

또 다른 것은 피아노이다. 원래 피아노를 좋아해서 가끔 혼자 치고는 했지만, 본격적으로 학원에 다니고 레슨을 받으면서 점점 더 피아노에 쏟는 시간이 많아졌다. 피아노는 가성비를 따지자면 최악인 취미 중 하나다. 시간은 많이 들어가는데 실력은 더디게 는다. 3분짜리 곡을 실수 없이 치기 위해 몇백 시간을 투자해야 하는 취미이다. 그래도 피아노를 연습하는 순간만큼은 아무것도 신경 쓰지 않고 여기에만 집중할 수 있다. 내가 친 음들이 내 손을 거쳐 나를 뚫고 나오는 느낌은 경이로운 경험이다. 가끔은 아무것도 하지 않고 피아노만 치고 있는 게 너무 행복하다고 생각한다.

요즘 퇴근하면, 피아노를 치고 책을 읽고 필사를 한다. 최애의 노래를 듣고 가끔은 사진을 찍는다. 좋아하면서 하고 싶은 것, 좋아하지는 않지만 해야만 하는 것, 좋아하고 싶은 것, 좋아하지는 않지만 잘하는 것. 이런 것들을 찾아 나서고 하루에 적절히 배분하는 모든 과정이 나의 의미라고 생각한다.

의미에 대해서

"의미"

 제시어가 주어졌을 때, 왜 그런지 모르게 시작부터 좀 난감했다. 생각 없이 썼을 때와는 좀 다른 느낌이었다. 이처럼 어려운 단어가 또 있을까. 유독 이 단어가 어렵게 느껴지는 이유가 뭘까 싶어, 의미를 이해하기 위해 인터넷으로 검색해보니 의미는 설명하기 복잡하고 정확히 표현할 수 없는 말이라고 나와 있었고 심지어 의미를 연구하는 학문들, 이론들까지 있다는 걸 처음 알게 되었다. 의미를 설명하는 글은 스크롤을 한참 내려서 읽어 내려갈 정도로 내용이 길었고, 다 읽었어도 무슨 말인지 이해하기는 역시 어려웠다. '의미'라는 것에 단순히 감상적인 이유를 붙여서 쓰기에는 꽤 다양한 뜻이 내포되어 있어 함부로 건드릴 수 없다는 생각이 들 정도였다. 또, 의미를 설명하기 위해 의미라는 단어가 사용되기도 하는 걸 보면 엄청 까다로운 단어임에는 틀림이 없는 것 같다. 뭐, 그런가 보다 하고 넘어가고 싶었는데 이상하게 쉽게 넘어가지지가 않았다. 설명할 재주도 없으면서, 무모한 오기가 발동되어 뭐라도 써보자 싶은 마음으로 글을 시작했다. 때문에 이후로 쓰게 될 '의미'는 전혀 이론적이지 않다. 내 멋대로 정의도 해보고 무쳐도 보고 볶아도 보는 그런 글일 것이다. 부디 맛있게 표현되길.

의미는 뜻, 형태, 내용, 정의, 중요한 것, 소중함, 좋은 것을 나타내며, 의지를 가지고 시작한 것의 결과이기도 하다. 이야기의 신뢰도나 지적 수준의 높고 낮음보다는 함께 한 시간과 장소에 따라 그 뜻을 더하게 된다.

삶의 의미는 무엇인가? 그 사람은 내게 어떤 의미가 있는가? 의미 전달은 되었는가? 의미 없는 존재가 된다는 건? 어떻게 하면 의미를 잘 파악할 수 있을까? 비슷하면서도 다른 질문을 통한 의미 찾기는 의무는 아니지만, 찾고자 마음먹은 그 순간 사람을 가만히 앉아있을 수 없게 만든다. 이처럼 의미의 유무에 따라 사는 무게가 달라지고 방향이 정해진다.

사람들은 의미를 찾기 위해, 의미 있는 존재가 되기 위해 끊임없이 스스로를 증명하려는 수고를 마다하지 않는다. 의미를 갖는다는 것은 대체로 긍정적이고 좋은 것이다. 자기 점검을 하게 하고, 좋은 방향으로 움직이게 하고 노력하게 만든다. 대화를 하고 글을 쓰고, 노래를 하고, 그림을 그리고, 몸을 움직이고, 치장을 하고 한 번도 하지 않은 무모한 짓도 한다. 때로는 침묵하거나 기도를 하고 많은 돈을 들이기도 한다. 그래도 찾을까 말까 하는 것이 의미지만 어떤 것에라도 한번 의미를 부여하면 사는 게 재미있어진다.

그러나 살다 보니 무엇에 함부로 기대할 수도 없고, 그저 스쳐 지나가며 기억조차 나지 않는 것들이 얼마나 많은지. 게다가 사람이든, 물건이든 의미를 두기에는 믿지 못할 것 투성이었다. 하지만 다행히도 모두가 예상했던 내 삶이, 다른 방향으로 흘러가게 되면서, 나는 이제 양적인 생의 의미보다는 질적인 의미를 찾기에 이르렀다.

의미는 삶의 모든 것이자 숨결이다. 누군가에게는 말도 안 되거나 흔한 것에도 숨결을 넣어주면 세상에 없는 소중한 것이 된다. 내 경험을 들자면 '오늘'이라는 단어에 의미를 붙이니 글이 되고 책이 되었다.

의지에 따른 의미를 찾는 삶을 산다는 건 멋진 일이지만 혼자보다는 같이 찾아보는 것도 좋다. 발맞춰 갈 사람들이 있어도 그것을 찾는 게 쉽지 않기에 보물찾기 하듯 하나씩 찾다가 '꽝'이 걸려도 실망하지는 않겠다. 이미 발견한 모든 의미 있는 것에 우선 감사해야겠다.

iTEMS - 더 비기닝

"그러니까… 이게 TEMS라구요?"

손에 든 물건을 바라보며 잠시 뜸을 들인 S. 목소리에는 혼란스러움과 함께 미처 감추지 못한 실망감이 묻어있었다. SF 소설가인 S가 이 자리에 나오게 된 건 며칠 전 K 박사가 DM을 보내왔기 때문이다. 그의 작품 속에 등장하는 장치인 TEMS를 개발했다는 말을 믿을 수는 없었지만 또 완전히 무시할 수 있는 입장은 아니었다. 그 장치는 주인공이 복잡한 암호를 순식간에 해독하는 초능력을 갖게 해주는 두뇌 훈련기였으니 말이다. 게다가 K 박사는 작년부터 자신의 팬을 자처하며 이런저런 온라인 행사에 꽤 자주 참석한 데다 SNS에서도 적극적으로 반응하는 몇 안 되는 사람 중 하나다 보니 관리 차원에서 맞팔을 해둔 참이었다.

"자력이 꽤 세니까 손가락 다치지 않게 조심하세요, 작가님."

K가 건조한 말투로 주의를 시킨다.

"제가 대단한 기술자가 아니다 보니 작품 속에 나오는 그대로 작동하는 물건을 만들기는 어렵습니다. 그래도 TEMS에서 영감을 받은 물건인 것은 사실이지요. 제일 먼저 보여드리고 싶은 욕심에 말씀을 드려봤습니다. 사실 작가님이 정말 나오실 줄은 몰랐지만요."

K의 입에서 내용과 달리 오래 준비한 듯 매끈한 멘트가 연이어 튀어나왔다.

"박사님, 전공이 공학이 아닌 거로 알고 있는데 직접 장비 개발도 하시나 보군요?"

S가 의구심을 담아 물었지만, K는 예상한 듯 말을 이어갔다.

"이게 연구실 생활 하다 보면 직접 만들어서 써야 하는 경우가 꽤 많거든요. 전에 장비 하나 커스텀 해본 경험으로 대충 만들어본 겁니다. 생각보다 효과가 있어서 저도 놀랐지만요. 그리고 박사님이라뇨. 저 지금 그냥 백수입니다. 편하게 이름으로 불러주세요. 작가님."

"K 박사님~ 주문하신 아이스 아메리카노 벤티 사이즈 두 잔 나왔습니다!"

타이밍 좋게 매장 스피커에서 K를 찾는 안내방송이 나왔다.

"날도 덥고 해서 음료는 아이스 아메리카노로 알아서 주문했는데, 괜찮으시죠?"

S가 엉거주춤 일어나려 하자 K가 사람 좋은 미소를 지어 보이며 S를 만류했다.

"앉아 계시면서 편하게 장비 보고 계세요. 손 조심하시고요. 음료는 제가 금방 가지고 오겠습니다."

K박사, 아니 K는 대답을 들을 생각이 없다는 듯 빠르게 말을 쏟아내고는 이내 아래층으로 사라졌다.

혼자 남겨진 S는 괜히 건드리다 망가트릴까 싶어 테이블에 조심스레 내려둔 장치를 바라보았다. 그가 작품에서 영감을 받았다며 들고 온 물건은 미세한 전선과 자석이 여기저기 붙은 수영모처럼 보였다. S는 작품 속에서 TEMS의 형태를 제대로 묘사하지 않은 자신을 원망했다. 구상 단계에서는 외부 활동에 위화감이 없도록 내부에 LED가 달린 선글라스 형태의 장치로 묘사했지만, 우여곡절 끝에 형태 묘사 부분을 드러낸 채 소설이 출간되었다.

"두상에 맞춰서 자극기 위치를 조정해야 하니까 작가님 머리둘레 좀 잴게요."

돌아온 K가 살짝 거칠어진 호흡으로 음료 트레이를 내려놓으며 말했다.

"뭐 잘 아시겠지만 글 쓰는 분이시니 브로카, 베르니케 같은 언어처리 영역과 양손의 운동이랑 감각 영역 정도를 기본으로 설정했고 추가로 최근에 핫한 뇌섬 영역도 넣었어요. 작품 활동하시는 데 도움이 될 겁니다. 그리고 일단은 뇌 자극의 강도보다는 위치와 지속시간에 집중한 모델이에요. 배터리를 좀 더 출력이 좋은 거로 바꾸면 강도야 올릴 수 있긴 한데 그쪽은 여러 가지 심의 받아야 할 게 늘어나서 아직…"

"계속 착용하고 있어야 효과를 보겠군요?" 마침 집필 중인 작품이 잘 풀리지 않았던 S가 급히 호감을 보였다.

"역시 잘 아시네요. 아무래도 잘 때는 고정이 안 돼서 힘들고 저는 일어나서 자기 전까지 착용하고 있어요."

K가 자신의 모자를 살짝 들어 보였다.

"확실히 착용하고 밖을 돌아다니기엔 조금 용기가 필요하겠네요."

S가 외형에 대한 불만을 담아 말했지만, K는 신경 쓰지 않는 듯 자신의 말을 이었다.

"아, 그리고 이건 뇌물입니다."

박사가 옆에 놓인 백팩 안에서 조심스럽게 하얀색 곰이 그려진 모자를 꺼내며 말했다.

"어? 이 구하기 힘든 걸 어떻게 구하셨데요?"

이전까지와 달리 S의 격양된 목소리로 말했다. 모자에 그려진 곰은 S가 SNS의 프로필 사진으로 해둘 정도로 좋아하는 캐릭터였다. K의 입가에도 만족스러운 미소가 번졌다.

"찾으면 다 방법이 있더라고요, TEMS처럼. 어때요? 테스터 해주실 거죠?"

S를 바라보는 K의 두 눈에는 기대감이 흘러넘치고 있었다.

욕망과 두려움 사이

"10월 3일까지 본인이 맡은 분량 마감 쳐 주세요."

시간은 어김없이 흘렀고, 기다려주지 않았다. 하루하루를 도둑맞은 것처럼 그 길던 마감기한은 어디로 갔는지 도통 알 길이 없었다. 부리나케 인터뷰 일정을 잡고, 기사 쓸 시간을 확보한다. 마음먹고 앉은 자리에서 한두 시간이면 기사 하나를 쓸 수 있는 지경에까지 이르렀다. 그 '마음'을 먹고 앉기까지가 참 오래 걸릴 뿐이다.

마을신문을 만드는 나는, 타인의 이야기가 지면을 통해 또 다른 타인에게 읽히기까지 모든 과정에 관여한다. 그러려면 누군가를 끊임없이 만나야 한다. 그리고 그들의 이야기를 들어야 한다. 내가 겪어보지 못한 일들에 대한 이야기를 풀어내는 사람들을 만날 때면 금세 매료된다. 그래서 인터뷰를 좋아한다.

스트레이트 기사는 사실만 전달하면 되기 때문에 짧은 시간 안에 작성이 가능하다. 그러나 인터뷰 기사는 작성 방법이 다양하기 때문에 어떻게 쓰느냐에 따라 시간이 조금 더 걸린다. 어떤 기사를 쓰든 내 안에는 항상 '잘 쓰고 싶다'라는 욕구가 자리 잡고 있다. 아마 글 쓰는 사람들이라면 누구나 갖고 있는 마음일 것이다. '잘'이라는 기준은 저마다 다르겠지만, 나 같은 경우는 '이목을 끄는', '쉽게 읽히는'이다. 지역신문 기자로서의 한계는 여기서 온다.

세 군데 매체에 기사를 쓰고 있다. 마을신문 기사는 말 그대로 마을의 소식을 주민들에게 전하는데 집중한다. e수원뉴스 기사는 시민의 눈으로 바라본 시정소식을 시민들에게 전하는데 집중한다. 경기도 마을공동체센터 기사는 수원 지역 취재요청이 들어올 때마다 취재를 하고 영상 기사와 글 기사 두 가지 버전으로 결과물을 만들어낸다. 차이가 있다면, 공공성의 비중이랄까. 아무래도 마을신문 기사를 쓸 때 훨씬 수월하게 써진다.

작년 11월에 수원시의회에서 행정감사위원회가 열렸을 때 수원시 예산이 어떻게 쓰였는지 궁금해서 참관한 적이 있다. 물론 기사 작성의 목적도 있었다. 묻고 따지고 혼내는 분위기는 우리가 그동안 TV에서 수없이 봐왔던 국회의원들의 그렇고 그런 모습과 별반 다를 게 없었다. 하지만 시민들이 좀 알았으면 싶은 몇 가지 내용들을 기사화 시키자니 갈등이 되기 시작했다. 마을신문에는 실을 수 있을 것 같은데, e수원뉴스에는 못 실을 것 같다는 생각이 들었기 때문이다. 결국, 행정감사위원회 관련 기사는 마을신문에만 작성하는 데 그쳤다. 용기가 부족했다.

시의 입장에서 불리하다거나 시민들에게 반감을 살 만한 기사는 처음부터 채택하지 않는 것이 관공서 매체의 룰이다. 어쩌면 당연한 처사일 수도 있다. 시정 홍보에 주력해야 하는 매체이니만큼 스스로 제 살을 깎아내리는 기사는 단칼에 쳐내는 것이다. 나는 거창한 저널리스트도, 칼럼니스트도 아니지만 그래도 기자는 누구에게서도 독립적으로 존재해야 한다고 생각한다. 저널리즘의 생명은 진실을 추구하는 데 있고, 진실을 보다 많은 이들에게 알려야 하는 것이 저널리스트의 책무이기 때문이다. 내가 조금 더 용감해져야 하는 이유이기도 하다.

누구에게나 쉽게 잘 읽힐만한 글을 쓰고 싶다는 욕망과 그 글을 다 쓰고 났을 때 일어날지도 모르는 후폭풍을 예상하는 두려움. 그 두 가지 사이에서 늘 고민하지만, 그래도 결국 쓴다. 기어이 써내고, 마감을 치고, 원고 밖으로 나와 누군가에게 읽힌다. 내 글을 누군가 읽어주었다는 것. 그거면 됐다.

쓰는 마음

처음으로 현이 안도에게 주말에 만나자고 연락을 했다. 그녀는 근 2년 동안 주말만은 누구와도 만나지 않았다. 하루 종일 글 쓰는 일을 집중할 수 있는 시간이 유일이 주말밖에 없기 때문이다. 안도는 주말에만 시간이 되고 그녀는 평일에만 시간이 되어서 서로 못 본 지 꽤 됐다. 그런 그녀였기에 무슨 일이 있는 건 아닌지 걱정이 되어 안도는 선약도 취소하고 만나러 나갔다.

현은 카페 구석 쪽 창가에 앉아 있었다. 그녀는 테이블에 요거트 스무디가 쏟아진지도 모르고 창밖을 멍하니 쳐다보고 있었다. 안도는 티슈를 가져와 흘린 요거트 스무디를 닦으며 말했다.

"뭘 생각하는데 내가 온지도 몰라."

"언제 왔어?"

"웬일이냐? 주말에 보자고 하고. 결혼하냐?"

"개똥 같은 소리 하고 있네."

현은 안도처럼 평범한 직장인임과 동시에 독립출판 작가였다. 이 년 동안 책 세 권을 낼 정도로 열정적이고 부지런한 사람이다. 평일에는 퇴근 후 새벽까지 글을 쓰고, 주말에는 누구와도 만나지 않고 오로지 글 쓰는 일에만 집중한다. 진정 글쓰기의 삶을 실행하고 있는 것이다. 게으른 안도는 도저히 따라갈 수 없는 삶이었다.

안도와 현은 사회 나와서 만난 친구였다. 서로 다른 회사들이 모여 진행하는 공동 프로젝트에서 처음 만났다. 안도는 건축 분야였고 그녀는 조경 분야였다. 건축과 조경은 밀접히 연계되어 있어서 서로 부딪힐 일들이 많았다. 보통 프로젝트가 진행되면 자신의 회사가 유리하도록 자주 싸우는데 둘은 한 번도 싸운 적이 없었다. 워낙 둘의 성향 자체가 싸우는 것을 싫어하기도 하고 애초에 애사심 따윈 없었다. 스트레스를 받아 가며 회사를 위해 싸워봤자 자신들에게 돌아오는 것은 야근밖에 없음을 일찌감치 깨달았다. 그렇다고 보너스를 주는 것도 아니고. 프로젝트가 끝나면 각 회사 직원들은 자신들의 원래 위치로 뿔뿔이 흩어진다. 이후에 보통 서로 연락조차

하지 않지만 둘은 지금까지 인연을 이어오고 있다.

둘이 친해진 계기는 회식자리에서였다. 조경 부장이 안도에게 취미가 무엇이냐 물었고 독서와 글쓰기라고 답했다. "젊은 사람이 참 고리타분하구먼." 조경 부장은 혀를 차며 술을 마셨다. 옆에 있던 현이 대뜸 "뭐가 고리타분해요? 멋지기만 하구먼." 그렇게 친하지 않은 그녀였는데 이 한마디로 급격히 가까워진 기분이 들었다. 회식자리가 마무리되자 현이 안도에게 담배 한 대 피우자고 했다. 골목에서 어색하게 담배를 피우는데 그녀가 자신도 글 쓰는 게 취미라고 했다. "요즘 야근 때문에 매일 쓰지는 못하지만 그래도 일주일에 한 번은 블로그에 글 올려요. 나중에 책 내는 게 꿈이에요. 다른 사람들에겐 비밀이에요." 그녀는 눈을 찡긋하며 웃었다. 그 뒤로 휴식 시간에 같이 담배를 피우며 틈틈이 책과 글 이야기를 하며 가까워졌다.

안도는 퇴사를 하고 야근이 거의 없는 회사로 이직했다. 덕분에 저녁의 삶을 누릴 수 있었다. 틈틈이 글을 썼고 그녀보다 먼저 독립출판으로 에세이를 냈다. 그녀는 그때까지만 해도 책을 내는 방법이 출판사에 투고하는 방법밖에 없는 줄 알았다. 안도의 출간 소식을 듣고 과감히 회사를 그만뒀다. 동종

업계 중 세 손가락에 드는 큰 회사였지만 한 치의 망설임도 없었다. 그러고 나서 기존 회사보다 연봉이 반 가까이 적은 소규모 회사로 이직했다. 야근만 없다면 그녀에게 돈은 중요한 일이 아니었다. 모아 놓은 돈도 있고 아껴 쓰면 생활에는 아무 지장이 없으니까. 한 살이라도 어릴 때 꿈을 이루는 게 먼저였다. 안도에게 도움을 받아 삼 개월 뒤 독립출판으로 시집을 냈고 육 개월 뒤에 단편소설을 냈다. 그리고 일 년도 안 돼서 중단편 소설을 냈다. 안도가 책 한 권을 낼 때 그녀는 세 권을 낼 정도로 꿈을 향해 열심히 달려가는 사람이었다.

한 번은 안도가 그녀와 우연히 책방에서 만난 적이 있었다. 오랜만에 만나는 거라 대화도 할 겸 저녁을 함께하자고 했다. 그녀는 흔쾌히 수락했다. 현은 여전히 글 쓰는 삶을 성실히 실행하고 있었다. 안도는 엄지 척을 하며 말했다.
"어떻게 글을 그렇게 열심히 쓸 수가 있냐? 존경스럽다."
대수롭지 않듯 답했다.
"글 쓰는 게 너무 좋아."

현은 글 쓰는 시간이 가장 마음이 신나면서도 고요해진다고 했다. 마음이 차분해짐과 동시에 설레는 마음이 요동친다고. 글 쓰는 과정은 자신과 온전히 마주하는 일, 모르던 자신의 모습을 발견하는 일, 상처를 치유하는 일, 자신을 표현하는 일이라고 했다. 또한 다른 사람들도 자신처럼 글을 쓰며 내면이 단단해지기를 희망했다. 그래서 종종 동네 아이들에게 무료로 수업을 열기도 했다. 자신이 하는 일 중에 가장 가치 있고 오래 하고 싶은 일이라며 환한 미소로 안도에게 말했다.

현은 사람들과 대화를 할 때 뜸을 들이는 경우가 거의 없는데 오늘따라 머뭇거렸다. 안도는 걱정스러워 커피를 시키지도 않고 물었다.

"뭔데. 무슨 일인데?"

"그냥 답답해서."

"그냥 답답하다고 부를 인간이 아닌 거 알거든? 털어놔 봐."

"우리는 왜 글을 쓰는 걸까?"

"이유가 뭐 있겠어. 난 부업으로 돈 벌라고 쓰고, 넌 좋아하니까 쓰고."

"넌 한결같구나."

그녀가 쓴웃음을 지었다.

"나 전에 다니던 회사에서 다시 오래. 그래서 고민 중이야."

"거기 야근 많잖아? 글 쓰는데 괜찮겠어?"

"안 괜찮겠지. 이제 거의 못 쓰겠지."

"돈 때문에 그래?"

"생활고에 허덕인 지 꽤 됐어. 지금은 거의 알바 수준으로 페이를 받으니까. 또 서울 집값이 워낙 비싸잖아."

"네 책 인기 좀 있어서 많이 팔리지 않아? 지금 회사 월급이랑 합치면 괜찮잖아."

"거품이야. 그리고 너도 알잖아. 우리 같은 무명작가들은 책 팔아도 기껏해야 한 달에 삼십만 원도 안 들어오는 거."

"하기야. 나도 그렇지."

"네 달 전에 적금 깼다."

"헐."

"진짜 문학상을 받아서 유명해지지 않은 이상 전업 작가는 꿈도 못 꾸겠어."

"이상과 현실은 다르니까."

현은 매일 글을 포기하는 상상을 했다. 네 달 전까지만 해도 글 쓰는 일 자체가 좋았다. 지금 다니고 있는 회사의 월급이 적어도 저녁에 글만 쓸 수 있다면 오랫동안 이 생활을 유지하고 싶었다. 하지만 이 마음은 이 년을 넘길 수 없었다. 평소 과소비를 하지 않아도 전세자금 대출과 아직 남아있는 자동차 할부 그리고 기타 생활비 등등 기본적으로 빠져나가는 돈이 너무 많았다. 모아 놓은 돈도 거의 다 썼고 결국은 적금을 깼다. 그때부터 마음이 쪼들리고 불안해졌다. 당장 월급을 올릴 방법도 없고, 책을 팔아서 부수입으로 나머지 생활을 감당하기에는 턱없이 부족했다.

적금을 깨고 나니 현은 글을 대하는 마음이 불편해졌다. 글 쓰는 일이 순수하게 좋다던 그녀였지만 이제는 안도처럼 어떻게 하면 잘 팔리는 책이 될까를 고민했다. 심지어 에세이가 시와 소설보다 더 잘 팔린다는 주변 말에 그녀는 에세이에도 손을 대기 시작했다. 자신이 좋아하지 않는 장르였지만 작가는 여러 분야를 써 봐야 한다는 핑계로 자신을 속였다. 커피 속 얼음을 빨대로 휘젓고 있는 안도에게 현이 말했다.

"이제 글을 잘 못 쓰겠어. 옛날만큼 글 쓰는 일이 좋지가 않아. 즐겁지도 않고."
"아직 때가 덜 묻었구먼."
"지랄. 네가 너무 불순한 거야."
"우리 그냥 불순한 마음으로 글 쓰면 안 돼?"
"죄책감이 느껴지지도 않아?"
"나처럼 양심 없는 놈은 전혀. 자연스러운 이치지."

현은 어이가 없다 듯이 웃으며 말했다.

"잘 팔리는 글은 어떤 걸까?"

"연예인이 쓴 책. 인플루언서가 쓴 책. 문학상 받은 책. 그리고 베스트셀러 작가가 새롭게 쓴 책."

"또 장난친다. 어떻게 너랑 대화를 하면 할수록 마음이 더 답답해지냐."

"그러니까 너무 심각하게 고민하지 말라고. 난 네 소설이 참 좋아. 그리고 무엇보다 네가 글을 사랑하는 모습을 보고 있으면 나까지 기분이 좋아지더라. 자주 자극도 받기도 하고 가끔 질투 나기도 하고."

"네가? 웃기시네. 위로한다고 어설프게 오그라드는 말 좀 하지 말아 줄래?"

사실 순수하게 글을 사랑하는 그녀 앞에서 안도는 자주 작아졌다. 자신은 처음부터 불순한 마음으로 글을 썼기 때문이다. 어떻게 하면 잘 팔리는 글이 될지, 사랑받는 문장이 될지, 주목받는 책이 될지를 먼저 고민했다. 책을 많이 팔아 돈을 마구마구 벌고 싶었다. 그렇게 타인 앞에서 천진난만하게 글을 사랑하는 척하지만 사실 글을 대하는 태도가 음흉하고 불순한 인간인 것이다. 그는 한편으로 다행이라고 생각했다.

만약 자신이 그녀처럼 순수하게 글 쓰는 일을 좋아했다면 아마 지금의 글에 만족했을 것이다. 안도는 자신을 안다. 더 잘 써야겠다는 마음보다 약간의 우월감에 젖어 게으른 만족을 했을지도 모른다. 돈과 시간을 들여 자신의 책을 사준 사람들에게 욕먹지 않도록 좋은 글을 쓰려고 노력했다. 그래야 다음 책을 출간했을 때 돈을 주고 또 사줄 테니까. 더 나은 글이 될 수만 있다면 그까짓 불순한 인간이 되어도 상관없다고 안도는 생각했다. 대신 이 불순한 마음을 용서받기 위해 좋은 글을 궁리하기로 했다. 그래도 그녀가 글을 순수하게 사랑하는 모습을 보고 있으면 마음 한구석이 자주 욱신거렸다.

"아무리 생각해도 전에 다니던 회사로 다시 가야겠어. 이러다가 영영 글을 포기할 거 같다."

"잘 생각했어. 꿈도 중요하지만 포기하지 않고 유지하는 마음이 더 중요한 거 같아. 앞으로 힘들겠지만 어떻게든 되겠지."

그렇게 그들은 다 마신 음료의 공허한 빨대만 빨아댔다.

우리의 연애방식

일단, 너에게 나는 무슨 의미였을까 하는 진부한 소리 따위는 집어치우자. 아주 또렷하고 정확한 기억으로는, 너는 내 면상을 향해 흠집난 주먹을 내리꽂았다는 것이고 지금은 그로부터 약 30분가량의 시간이 지났다는 거야. 아마도 시간이 지날수록 으스러진 내 콧대와 그 주변을 물들인 까만 멍들이, 너라는 인간을 더 생생하게 떠올려줄 테야.

사랑. 그래 우린 사랑을 했었지. 그렇지만 그건 온전히 과거형이었어. 너는 별로인 남자였고 나는 그런 너를 사랑하던 한심한 여자였을 뿐이었지. 너는 제대 후 편의점 알바나 전전하다가 몇 년의 세월을 흘려보낸, 아무 대책없는 루저였어. 침대 위에서 너에게 "뭐 하고 싶어?"라고 묻기도 했었지. 너는 질문이 끝나기 전에 재수 없다며 뺨을 때리고 발로 걷어찼어. 나는 침대 바닥으로 구르면서 너에게 내 위치가 이쯤이겠구나 하고 희미하게 짐작했었지만, 그런 뭣 같은 존재감 따위가 결코 내 사랑을 가로막을 순 없다고 생각했었어.

맞아. 나는 헌신적인 사랑을 했어. 너는 인생의 전부를 의미하는 사람이거든. 6년 전, 나는 너의 순수한 모습을 기억해. 한 손으로는 수줍게 머리를 긁적이며 다른 한 손은 갈색 카디건 옆에 달린 주머니에 잔뜩 꽂아 넣었지. 카디건 밖으로 튀어나온 주먹이, 그때에는 순수하고 귀여운 사랑을 뜻했겠지만 지금은 그게 내 목숨을 쥐고 흔드는 것이 될 줄이야.

너는 나의 전부였어. 너도 그걸 너무 잘 알고 있었지. 그래서였구나. 지금에서야 기억나네. 나를 흠씬 두들겨 패다가 화초처럼 넘어진 내 귓가에 이렇게 말했던 것 기억하니? "너 같은 x는 나를 벗어날 수 없어."라고 했잖아. 나는 너를 벗어날 수 없는 그런 사람. 너에게 나는 인형인 거었어. 어차피 떠날 수도 없고 벗어나려 하지도 않는 인형. 뭘로 뒤흔들고 패버려도 나는 너에게 얽힌 인형인 게 분명했거든.

주변 사람들은 이미 눈치챈 것 같아. 오늘만 해도 팀장님이 이렇게 묻더라.

"지현 씨, 얼굴이 왜 그래? 어디 다쳤어?"

"아뇨. 저…."

"아~ 어제 술 마셨구나."

"예에…."

"으이구 조심 좀 하지."

어영부영 지나가려는데 모니터에 카톡 알람이 울렸어. 옆자리 배 대리님 카톡이었지.

"지현 씨 괜찮아요? 요즘 자주 멍드는 것 같아…. 특히 얼굴이…."

"괜찮습니다. 걱정해 주셔서 감사해요."

"그러지 말고~ 같이 커피 한 잔 고고?"

"괜찮습니다."

괜찮다는 말로 배 대리님을 밀어냈는데, 사실 이런 적이 너무나 많아서 헤아릴 수 없어. 괜찮지 않은데 괜찮다고 하는 게 일상이 되어버렸어. 하지만 어쩔 수가 없잖아. 나는 이런 너를 사랑하고 너는 나를 때리는 사람인 걸. 이게 우리의 연애 방식이라고. 나는 그렇게 생각했어. 이번 추석 때 수원 집에 내려갈 때까지는 말이야.

"지현아. 너 얼굴 왜 이래?"

"아무것도 아냐."

"고개 돌리지 말고! 똑바로 말해. 누가 이랬어? 누가 이런 거야?!"

"다쳤어 언니."

"너 지금 나 놀리니? 이게 말이 된다고 생각해? 지금 너 얼굴 반이 다 멍이야 멍."

"진짜 다쳤어."

"그 xxx가 그랬니? 그런 거야? 전에는 욕만 한다며. 욕만 한다는 것도 화나 죽겠는데. 이젠 손찌검까지 해? 이게 사랑이니? 이런 x 같은 연애가 세상천지에 어딨어!"

"아! 그만 좀 해!"

"안되겠다. 야. 지금 당장 그 xx 주소 불러. 빨리!"

"언니! 그만 좀 하라고!"

추석 때마다 낯빛이 안 좋다고 생각해온 둘째 언니가 금세 눈치를 챘어. 첫째 언니는 내 핸드폰을 뺏어서 너에게 바로 전화를 걸었고. 당장 헤어져라 뭔 놈아 등등 고성이 오가고, 한참 침묵을 지키던 너는 마침내 "죄송하다."라는 말을 꺼냈어. 나는 약간의 안도와 다수의 불안을 품었어. 언니들은 몰랐던 거야. 우리가 작년부터 한 집에 살고 있었다는 사실을. 그래서 내가 수원을 떠나 울산으로 내려가면 너에게 더 맞을 각오를 해야 한다는 것조차 알 수 없었지. 때문에 나는 우리 집의 초인종을 누르기가 무섭게 현관문을 홱 여는 너를 봐야 했고, 평소보다 조금 더 많이 맞아야 했지. 정말 도살장에 끌려와서 숨이 멎을 때까지 두들겨 맞는 개 같았어. 너 개가 맞아 죽는 거 본 적 있어? 나는 있어. 나는 정말 있어. 그러니까 말할 수 있는 거야. 지금 내가 진심으로 죽을 수도 있겠구나 하는 직감이 진실이라는 것을 말이야.

네가 나를 때리고 30분 정도가 지난 것 같아. 성난 너는 내 머리에서 피를 흘리도록 내버려 두고 나가버렸어. 쾅! 하고 닫힌 저 문이 마치 내 생명과 희망을 절단해버린 것 같은 느낌까지 들어. 아, 머리는 잔뜩 어지럽고 앞은 뿌옇게 보이고 있어. 나는 너를 사랑한 만큼 깊게 멍들고 피 흘려야만 하는 걸까. 약간은 혼란스러워. 내 사랑의 방식이 어디서부터 잘못된 것일까 하고. 내 사랑은 진심이었는데.

오늘은 그때보다 좀 더 맞은 것만 같아. 그때는 머리를 십몇 바늘 정도 꿰맸던 것 같은데, 지금은 상처를 꿰매기는커녕 벌어진 틈 속에 모든 고통들이 스며들어 가는 것만 같아. 너는 이제 나에게서 떠나겠다며 짐을 싸고 나가버리고, 그런 너를 나는 잔뜩 붙잡았던 것 같아. 너는 발로 나를 차 버리고 배 한가운데에 주먹을 꽂아버렸지. 평소보다 더 힘이 들어갔던 것 같은데 맞니? 너는 우리의 사랑이 가득 찬 집을 부수기 시작했어. 그렇지. 너는 그냥 내 사랑을 짓밟아 버린 거야. 그게 너의 진짜 진심이었던 것이지. 나는 내 몸보다 마음이 더 아팠어. 마음에 천연두가 난 것처럼 영혼에 온통 떨림이 느껴졌어. 나는 너에게 맞으며 사랑하니까 참아왔다고 여겼는데, 너의 인내심은 사랑과 이어지지는 않았나 봐. 여하튼 마지막 기억은 그래. 내 사랑은 진심이었을까?

    네가 때려 부순 잔해들 위에서 넝마처럼 주저앉아 버렸어. 희망이 달아나버린 지는 꽤 오래전 일인데 나는 왜 아직도 희망을 찾고 있는 걸까? 어떻게 해서든 내 쪽은 절망에 더 가까운 사람인데. 너에게 나는, 이지현이라는 사람은 어떤 의미인 거니? 나는 네가 돌아올 때까지 기다려야 하는 거니? 나는 묻고 싶어. 사랑이 무엇이냐고. 내 사랑이 대체 무슨 모양이냐고.

    나는 사랑을 하고 싶었고, 너와 나는 사랑의 모양이 다른 것뿐이야. 너는 내 상처만큼이나 아프고 슬픈 사람이었던 것이고, 너는 그걸 나에게 쏟았던 것이었을 뿐이야. 맞지? 응? 네 사랑은 그래? 네가 내 가슴에 꽂은 칼보다, 네가 부수고 간 유리창으로 시린 바람이 더 아프게 느껴져. 나는 곧 죽겠지만 내 사랑은 변하지 않아. 네가 날 사랑해 주었으면 좋겠어. 내 소원의 전부는 오직 사랑뿐이야. 너의 주먹, 욕설, 폭력. 모든 아픔들이 내게는 사랑의 방식이라고. 나는 그렇게 알겠어. 그 외의 얘기들엔 귀 기울이지 않을 거야. 나는 너를 사랑하고, 너는 조금 아프게 표현했던 것이지.

슬프게도 우리는 '정상적인' 사랑을 하지는 못했지만, 나는 사랑에 최선을 다했어. 어쨌거나 너는 곧 뉴스에 나올, 그런 범죄자가 되겠지만 말이야. 나를 아프게 한 것만큼 그곳에서 내 사랑을 좀 더 곱씹어보기를 바라. 내 삶은 여기서 끝나겠지만, 네게서 다시 살아날 거야. 네 기억 속에서. 내 사랑만큼 나를 기억해줘. 충분히 후회하고 내 아픔과 슬픔을 공감해주길 바라. 환상보다 더 또렷한 얼굴로 나타날 테니 날 맞이할 모습을 기대할게. 안녕, 내 사랑. 안녕, 내 남자 친구.

바다

바다를 품에 안으면 – 이택민
해변의 몸 – 유보
나의 친애하는 음악들에게 – 박금오
밤의 해변에 누워 – 김가지
이튤라 – 이종혁
수평선 – 변수빈
파도에 떠다니는 조각난 기억들 – 이루

시선

꽃을 바라보듯이, 그대를 – Jeiya
압정 게임 – 양단우
시선을 따라 – 이루
지푸라기 – 이연
탈출 – 유보

필기구

인생 스케치 – 이종혁
펜 도둑 – 조교
내가 만년필을 사게된 이유 – 이루
당신의 필기구는 무엇입니까 – 이택민
연필을 깎자 – Jeiya
몸 – 유보

식탁

네 잘못이 아니야. – 마인드레스
식탁의 쓸모 – Jeiya
실패의 탑 – 유보
반지하 식탁 – 양단우
Marseille – 변수빈

학창 시절

내가 시를 읽지 않는 이유 – 양단우
반절 인생, 깍두기 – Jeiya
화이트데이 – 유보
여기에 있어 – 이연
당신의 첫사랑은 안녕한가요? – 꽁미
편지를 병에 담아 띄우는 마음으로 – 이루

나비

흩어지며 부유하는 – 이루
내 귀에 나비 – Jeiya
나비야 – 양단우

액자

내 모난 시선 - 이택민
액자 속에 들어있는 - 양단우
외면하지만 외면할 수 없는 - 여이언
기억 세우기 - Jeiya
액자 이야기 - 이루
캡처 - 유보

의미

그냥 이소라 이야기 - 이연
나의 친애하는, 사랑하는 것들 - 조교
의미에 대해서 - Jeiya
iTEMS - 더 비기닝 - 이루
욕망과 두려움 사이 - 꽁미
쓰는 마음 - 이종혁
우리의 연애 방식 - 양단우

오늘도
책방으로
퇴근합니다

쓰기 위해 책방으로 퇴근한 14인

이연　변수빈　마인드레스
유보　여이언　김가지
꽁미　박금오　양단우
이루　이종혁　Jeiya
조교　이택민

초판 1쇄 발행 2021년 12월 24일

기획 및 편집　이현우
표지 디자인　김동하　ehdgk5643@gmail.com
교정/교열　이현우

펴낸곳　그런의미에서　@2nd_his_meaningshop
이메일　2nd_meaning@naver.com

후원　 수원문화재단
　　　Suwon Cultural Foundation

* 이 책 내용의 전부 또는 일부를 재사용하려면 펴낸곳을 통해 저작자의 동의를 받아야 합니다.
* 이 도서에는 제주명조체, 제주고딕체, 마포금빛나루체, SF함박눈체를 사용했습니다.